Apoio

Patrocínio

CANELA, A RECONQUISTA DE UM HORIZONTE

Memórias e estratégias do sucesso

Suzana Vellinho Englert

Editora Sulina

© Suzana Vellinho Englert
Fotos cedidas pela Prefeitura Municipal de Canela

Capa: *Pense Design*
Fotolitos: *Grafitto Estúdio de Pré-Impressão*
Revisão: *Álvaro Larangeira*
Projeto gráfico e diagramação: *Daniel Ferreira da Silva*
Organização de texto, entrevistas e pesquisa: *Eduardo Cabeda*
Coordenação editorial: *Luis Gomes*

Dados Internacionais de Catalogação na Publicação (CIP)
Bibliotecária Responsável: Ginamara Lima J. Pinto CRB 10/1204

E58C Englert, Suzana Vellinho Canela - a reconquista de horizonte: memórias e estratégias do sucesso. / Suzana Vellinho Englert.
— Porto Alegre : Sulina, 2002.
134p.

ISBN: 85-205-0326-8

1.Canela (RS) – História 2.Administração Pública - Canela (RS)
3.Administração Municipal – Canela (RS) I.Título

CDD: 354.8165

Editora Sulina

Todos os direitos desta edição reservados
à Editora Meridional Ltda.

Av. Osvaldo Aranha, 440 cj. 101
Cep: 90035-190 Porto Alegre-RS
Tel/Fax: (0xx51) 3311-4082
www.editorasulina.com.br
e-mail: ed.sulina@via-rs.net

Novembro/2002
Impresso no Brasil/Printed in Brazil

Apresentação

Este relato conta a história de um grupo de pessoas que acreditaram que a realidade pode ser bem mais do que obra do acaso, pode tornar-se uma obra de arte inspirada em sonhos e ideais.

Desde os seus primeiros ocupantes, a cidade de Canela aprendeu que não bastava a obra divina para merecer o devido destaque. Era preciso, de forma respeitosa e composta, agregar o talento humano a sua exuberante natureza. O resultado surge, fazendo desta belíssima cidade um lugar maravilhoso de se morar, um simpático atrativo turístico, onde os cidadãos são os verdadeiros anfitriões dos seus visitantes e convidados.

Porém, nem sempre foi assim. A partir da década de 60, experimentou alguns anos de tristeza e muitas dificuldades, frutos de declínios econômicos, com significativas conseqüências sociais. A comunidade canelense se mobilizou por um novo porvir. Decidida a não fazer do acaso o seu futuro, em 1989 engaja-se em um projeto intitulado Canela 2000, do qual tive e continuo tendo o enorme prazer de ter sido a coordenadora e co-implementadora.

Como Relações Públicas, percebo um grande aprendizado: ter tido a chance de conhecer e trabalhar com o sonho da comunidade de um município, auxiliando na descoberta da sua vocação e achando formas efetivas de propagá-la.

Que bela oportunidade!

Agradecimentos

Será que é agradecimento ou dedicatória o que este espaço merece?

Existem todos aqueles, cujos nomes estão referendados nas páginas a seguir. Existem tantos outros que indiretamente fazem parte desta história, por dedicação, apoio, solidariedade ao desenvolvimento do Projeto Canela 2000 ou mesmo por sua incredulidade, que quanto mais se apresentava, mais nos desafiava à superação e à persistência.

Mas existem também aqueles que fazem parte de mim e que, de forma definitiva, possuem enorme influência tanto neste trabalho quanto na minha vida.

Aos meus medos, angústias e inseguranças que fazem parte do meu ser e constantemente me inquietam e me incomodam, mas me instigam na busca de respostas, contemplando o meu jeito de ser e me lançando às novas etapas.

Ao Mário, meu querido marido, e à Paula e ao Pedro, meus queridos filhos, meu especial amor e reconhecimento por todo o carinho, apoio e estímulo, com os quais eu sempre soube que era possível contar.

Aos meus pais, irmãos e aos meus amigos, que bom tê-los. A vida tem me ensinado que com base no alicerce que vocês já significam é possível a construção de mais e mais cumplicidades.

Aos meus muitos chefes e colegas, que ao longo da minha vida me pós-graduaram para novos desafios, que continuam a se apresentar.

Porém, de forma muito especial, ao prefeito José Vellinho Pinto, que apostou em mim na realização deste belo desafio e me propiciou o convívio com pessoas tão especiais como a Berena, Marga, Vitor Hugo, Vera, Nídia, Nildinha, Sheila, Marina, Nara, Dirceu, Negrelli, Pedro Dias, Marcão, dentre tantos outros por quem aprendi a ter muito carinho e admiração e com os quais ganhei a lição de que tudo tem o seu tempo e que a vida nos apresenta as situações, quando estamos prontos para merecê-las. Que o que mais vale é a composição, onde tem que ter lugar para os sonhos de cada um, que certamente existem mesmo que adormecidos, mas que quando acordam mobilizam-se por uma força arrebatadora que, se engajada, é mais avassaladora do que um tufão.

Ao Luis, Eduardo e Artêmio, que me auxiliaram de forma intensa na elaboração deste livro e, principalmente, ao Wilson Noer, sem o qual eu não teria chegado nesta eficiente e qualificada equipe.

Ao Azevedo, o nosso mestre das palavras e dos enfoques, o meu muito obrigado e, de forma destacada, o meu eterno reconhecimento.

Por fim, mas de forma não menos dedicada, ao contrário, com muito carinho, destaque e reconhecimento, às minhas queridas companheiras e amigas Regina Ribeiro Pedro, que zelava e articulava todas as operações administrativas para que o processo fluísse, e Kátia Steiner, minha especial parceira e guerreira de todas as horas. Ambas contribuíram de forma definitiva para que este período do Canela 2000 fosse de muito desafio e aprendizado, juntamente com um prazeroso compartilhar.

A todos, a minha indissociável sensação de que ao mesmo tempo em que eu lhes agradeço, a vocês eu dedico esta obra.

Este espaço é destinado ao registro de agradecimento inestimável prestado por Roger Stoltz, autor de Primórdios de Canela, que serviu de pesquisa importante e minuciosa na parcela histórica desse livro, assim como a Marcelo Vech, que se mostrou dedicado e um profissional competente e altamente qualificado, além de amigo, na revisão dos fatos históricos referentes ao surgimento de Canela, e também Simone Dietrich de Souza, que assim como os demais é parte importante desse trabalho.

Sumário

LIVRO I
Nasce Canela

A Família Wasem 11
Coronel João Corrêa – A Fundação de Canela 20
O Ciclo da Madeira 26
Cassino Palace Hotel 32
As Primeiras Décadas 38

LIVRO II
– Projeto Canela 2000 – Reconquistando o Horizonte

Os Primeiros Passos 43
A Comunidade Escolhe o Seu Caminho 51
Estruturando o Sucesso 59
A Fábrica de Idéias - Estratégias, Atividades e Relatórios 63
A Fábrica de Sonhos - Os Grandes Eventos 95
Lugares Encantados 105
Sem Medo do Futuro 109

LIVRO III
– O Sorriso de Uma Conquista –
Prêmio Top de Marketing ADVB/RS

O Case – Memórias 117
Para os Canelenses 124

LIVRO IV
Canela Tecnópole

Um Novo Conceito de Tecnologia 129
Traçado de um Futuro 131

LIVRO I

Nasce Canela

A Família Wasem

No início de 1864, o alemão Guilherme Wasem, natural da região de Dörrembach, situada nas proximidades do rio Mosela e da cidade de Trier, antigo reino da Prússia, juntamente da sua esposa e dos seus filhos, chegava na serra gaúcha. O estímulo era a busca por um lugar que lembrasse a sua terra natal, para que pudessem ali se estabelecer e prosperarem. Wasem não era em nada diferente, por esse fato, do grande número de imigrantes que apostavam seu futuro em terras brasileiras, em especial no solo gaúcho. Lavrar a terra, fincar raízes, proliferar o sangue da família e deixar o legado e a honra dos Wasem para as futuras gerações. Imigrantes. Fossem alemães, italianos ou portugueses, ninguém sonhava muito além disso e mesmo a simplicidade desse desejo já não era algo fácil de se alcançar. Mas Guilherme Wasem era uma figura no mínimo curiosa, com uma certa obstinação no peito. Um olhar que, por vezes, seria traduzido como uma ambição natural, mas a ambição de Wasem não podia ser medida pela quantidade de terras que encontraria ou do dinheiro que ganhasse. Era mais intrínseca do que isso, mais profunda e menos perceptível para quem acabasse de conhecê-lo. A verdade é que ao chegar na serra Wasem não fazia idéia do que iria encontrar pela frente, poderia fazer um esboço de como as coisas seriam se atingisse o seu objetivo, conseguindo um pedaço de chão para plantar, uma casa para morar e o ar que lembrasse as manhãs frias em Dörrembach, com o provável desjejum sendo preparado por sua mãe num enorme fogão à lenha. A trajetória de Guilherme Wasem já era uma epopéia antes mesmo dele jogar as primeiras sementes na serra ou lidar com o gado da região.

Foi exatamente em 1847 que Guilherme Wasem e Bárbara Flach, com um casal de filhos e alguns parentes, tomaram um barco à vela junto com outros colonizadores com destino ao Brasil. A viagem não poderia ter sido pior. Inicialmente programada para durar três meses, levou seis, para que os tripulantes, aliviados, botassem seus pés em terra firme. Tempestades, um provável erro de navegação e o que parecia ser o fim de uma jornada interminável, quando todos na ocasião já avistavam terra a sua frente, culminaram num verdadeiro pesadelo. O Brigue Antonia foi surpreendido por uma forte tormenta tropical e arremessado de volta ao mar aberto, afastando-se da costa. O fato retardou ainda mais a viagem, trazendo conseqüências trágicas, em particular para a família Wasem. A água e a comida estragaram e boa parte da tripulação foi acometida por doenças, incluindo o pequeno Wasem de poucos meses de vida. A filha dos Wasem, Christina, de apenas dois anos, ainda teve de ver o irmão envolto por um lençol e, depois de algumas orações, ser lançado ao mar antes que pudesse conhecer o seu futuro país.

O Registro Geral da chegada de colonos a São Leopoldo, na época chamada de Real Feitoria do Linho Cânhamo, dava conta de que a família Wasem havia desembarcado do Brigue Antonia e chegado a Porto Alegre na barca de vapor Porto Alegrense em 1º de julho de 1847. Guilherme Wasem, então com vinte e quatro anos de idade, dono de uma barba espessa, o que lhe garantia mais idade do que realmente tinha, lembrando de longe um viking ao invés de um lavrador evangélico de origem prussiana, foi parar na recém-criada colônia alemã Campo Ocidental, em Hamburgo, mais tarde denominada de Hamburgo Velho.

Wasem ficaria em Hamburgo Velho por exatos 17 anos, onde acabaria tendo mais cinco filhos brasileiros: Pedro, Guilherme Filho, Henrique Kilian, Paulina e Guilhermina. Lá Wasem trabalhou exclusivamente com a agricultura, mas os esforços estavam garantindo apenas o sustento da família, com muita dificuldade. Com a morte de sua mãe em 22 de setembro de 1863 é que Guilherme Wasem decide dar novo rumo a sua vida.

Com os objetivos traçados, e a idéia de conseguir um pouco de terra e lá permanecer, Wasem se deparou com um belíssimo lugar em um dos pontos mais altos da serra. Decidiu imediatamente que era ali mesmo que gostaria de viver para o resto da vida. No meio do campo avistou uma casa antiga de madeira, abandonada. Mais do que uma coincidência, aquilo soou para Wasem como uma natural e legítima obra do destino e empolgou o alemão a investigar o mistério que estava vestido por trás do casarão.

A Fazenda do Fachinal não era, digamos assim, conhecida por muitos, até porque a região não era de fato habitada, não sendo ainda colonizada, e por enquanto sem o menor vestígio para que evoluísse à condição de uma cidadela, uma vila ou algo parecido, mas tratava-se de um campo tão vasto que os tropeiros, no coração das terras onde Wasem deseja se instalar, eram obrigados a passar.

Wasem acreditou, assim como aqueles poucos que as conheciam, que as terras pertencessem, integralmente, à Fazenda do Fachinal. O abandono da casa é que fez com que muitos acreditassem que a história fosse essa mesma. Foi um pensamento, seguramente, apoiado em algumas informações que colheu pelo caminho, por mais que não se tenha registro de como Wasem desenrolou as respostas. Assim que ficou certo de que as coisas deveriam ser como conseguira apurar, convencendo-se a si mesmo de que as informações eram verdadeiras, preparou e afiou o discurso, antes de botar o pé na estrada e rumar para o Fachinal a fim de encaixar algumas peças no quebra-cabeça.

Na fazenda do Fachinal, Wasem é informado por Cândida do Amaral e Silva que deveria procurar a sua irmã para tratar do assunto. Para tanto ela chama o cunhado, Francisco Alves da Silveira, com a idéia de que ele pessoalmente encaminhasse Wasem até Maria do Nascimento, em Capão Alto, a cerca de 70 km dali. O que renderia a Wasem dois dias de viagem a cavalo. Cândida do Amaral e Silva havia simpatizado com o alemão e estava disposta a fazer tudo que estivesse ao seu alcance para socorrer Wasem.

Maria do Nascimento, porém, informa a Wasem que ela não respondia mais pelas terras e que ele deveria procurar a sua filha, Cândida Bella, pois ela havia herdado do pai o campo inteiro.

Cândida Bella, por sua vez, ao receber Wasem, disse-lhe que não tinha o menor interesse de retornar à casa em que havia nascido e morado até os doze anos de sua vida. Casada e estabelecida em Capão Alto, Cândida Bella estava abrindo mão, ao menos moralmente, do campo em que passara a sua infância e, por final, herdara do pai. Assim não enxergou nenhum impedimento para dar seqüência a um acordo com Guilherme Wasem. Parecia-lhe plausível o fato de que mesmo "entregando" a terra a um desconhecido, ela finalmente voltaria a ser habitada e vigiada pelos olhos de uma família.

Dessa forma a família Wasem passou a ser a segunda a habitar o casarão dos Esteves e o campo do "Campestre Canella".

Nesse exato ponto da história, uma infinidade de acontecimentos torna a vida de Guilherme Wasem mais inacreditável do que teria sido até então.

Guilherme Wasem, como era de se esperar, ficou muito amigo da família Amaral e também fez amizade com Felisberto Soares de Oliveira na fazenda do Fachinal. A amizade se estendeu aos negócios, fazendo com que Wasem cuidasse do gado de propriedade de Felisberto nas suas recentes terras "emprestadas" do Campestre Canella. Ali o alemão começava a botar o seu sonho em prática, plantando milho, feijão e cuidando do gado. É importante registrar que a partir desse momento o Canella passa a ser povoado, para nunca mais deixar essa condição e, sim, dar seqüência ao seu progresso, considerando que os esforços de Wasem na sua nova terra foram em grande parte determinantes para esse processo. Um colono e como tal colonizador. Mas a aparente tranqüilidade de Wasem durou muito pouco. Precisamente dois anos.

Absolutamente feliz e satisfeito com o que vinha produzindo, Wasem não desejava outra coisa na vida e faria de tudo para viver ali os anos que ainda tinha pela frente, e depois trataria de repousar seu restos mortais embaixo de alguma caneleira, não fosse, apenas para início de conversa, o tenente-coronel Francisco Pacheco. Mesmo não havendo uma documentação legítima que confirme esse acontecimento, a dedução faz crer que o tenente-coronel estava de olho nas terras do Canella. Francisco Pacheco queria o campo a todo custo e não pouparia munição para atingir seu objetivo. A essa altura não importava se o velho Esteves tinha abandonado o campo ou não, deixado em testamento para a filha, nem mesmo se Pacheco sabia da história ou desconfiava dela.

A primeira iniciativa do tenente-coronel foi fazer um requerimento pedindo para que fossem realizadas as medições do Campestre Canella, mesmo com a presença da família Wasem ali. Nesse momento dá-se início o confronto entre os donos do Canella com os do Fachinal, que julgavam que o campo todo pertencesse a sua sesmaria. Wasem, sabendo ou não da medição, não arredaria pé de suas terras emprestadas, e iria até as últimas conseqüências para defender o lugar em que pretendia envelhecer.

A escritura pública de 1866 deixava claro, e de forma oficial, que Cândida Bella, por conta do inventário da morte de seu pai, Joaquim da Silva Esteves, de fato e de direito havia herdado o Campestre Canella. Naquele ano mesmo, Cândida Bella recebe uma proposta para vender o campo. O comprador, assim como Wasem, decidiu subir a serra para tentar a sua sorte e quando se deparou com o Canella viu-se diante do seu maior sonho de consumo. Um paraíso perdido, ou nem tanto. Joaquim Gabriel de Souza ficou deslumbrado com a beleza natural que presenciara. Tratava-se de um homem sem estudos, pobre, mas que não deixaria para trás a chance de tentar alcançar o mais recente brilho que perseguia seus olhos. Com uma oferta de dois contos de réis a transmissão da terra foi feita e o paraíso passou para as mãos de Joaquim Gabriel de Souza, mais ou menos na idéia de quem acabara de justificar a própria vida. Mas ainda existia um problema, ele se chamava Guilherme Wasem.

O traslado da escritura foi feito na própria residência de Cândida Bella, em Capão Alto. Na ocasião, o documento lavrado e tendo como Joaquim Gabriel de Souza o comprador foi assinado por Francisco Alves da Silveira, já que Joaquim não sabia escrever. Feito isso restava intimar Wasem para que desocupasse as terras. Nem é preciso dizer que essa tarefa não seria das mais fáceis.

Wasem já estava escaldado, havia poucos dias tinha recebido a visita de Francisco Pacheco, o obstinado tenente-coronel, que rodeava a região como um lobo que vigia um cercado de ovelhas, aguardando a hora certa para atacá-las. Pacheco disse a Wasem que era para o alemão se retirar do campo que haveria de ser seu, custasse o que custasse. Wasem ignorou Pacheco e tampouco se intimidou com a ameaça. Foi então que o tabelião Manoel Vicente Ferreira "ousou" botar os pés na propriedade que era ocupada por Wasem.

Vicente Ferreira tinha em mãos o documento que dava conta de que Cândida Bella havia transferido as terras para Joaquim Gabriel de Souza, e tratou de informar Wasem que, a pedido dela, ele tinha ido fazer a visita com a tarefa de comunicar-lhe que o usufruto do campo tinha cessado. Wasem não só ignorou a intimação como por muito pouco não espanou o tabelião dali a pontapés. Tentar retirar o alemão do campo implicava comprar uma verdadeira guerra. Guilherme Wasem não se dobraria tão facilmente e julgava-se preparado para o que desse e viesse.

No dia em que Joaquim Gabriel de Souza chegou em seu paraíso particular com a família, a cena não poderia ser mais ilustrativa e surreal. De um lado do campo estava Gabriel de Souza, desembarcando seus pertences juntamente dos familiares, do outro o tenente-coronel Francisco Pacheco coordenando a medição judicial com gestos espalhafatosos e, por fim, a casa de onde Wasem observava tudo com desdenho e desprezo absolutos. No início, Joaquim Gabriel de Souza não pareceu entender direito do que se tratava aquela algazarra toda em sua nova propriedade. Assim que tomou pé da situação, procurou em seguida acabar com a medição ilegal de suas terras. De posse do documento que comprovava ser ele o verdadeiro e único dono do Campestre Canella, Joaquim sequer pestanejou e logo o entregou ao juiz que acompanhava a execução das medições. No instante que botou os olhos no papel e constatou a legitimidade do documento, o juiz retirou-se no mesmo ato, deixando para trás o agrimensor e o furioso tenente-coronel Francisco Pacheco. Na verdade, não se sabe como transcorreu o pedido de medição de Francisco Pacheco, mas a hipótese mais próxima é a de que, sabendo que Wasem não era dono, e Esteves morrera abandonando o campo, ele tenha tentado oficializar o Canella para si, alegando que as terras pertenciam ao pedaço que havia comprado do Fachinal. A presença de Joaquim Gabriel de Souza, legitimado como dono da propriedade, botou os planos do tenente-coronel por água abaixo. Anos mais tarde Pacheco ainda tentaria por mais de uma vez adquirir o Campestre Canella, com propostas legais de compra, mas acabaria morrendo sem jamais ter conseguido realizar seu sonho.

No mesmo dia da confusão, depois de ter se livrado do tenente-coronel, Joaquim Gabriel de Souza procurou botar a situação em pratos mais do que limpos para Guilherme Wasem, deixando claro que não iria tolerar nenhum tipo de baderna, em tom da mais pura ameaça. Wasem pareceu recuar estrategicamente e alegou que não iria se mudar no momento, pois se encontrava doente. Assim a coisa amornou-se brevemente entre os dois. Joaquim Gabriel de Souza começou a construção da casa, maior e mais bem construída do que a de Guilherme Wasem. O detalhe, no entanto, é que, apesar das novas terras de Gabriel de Souza se perderem no horizonte, a sua construção foi erguida a singelos dois metros e meio do ex-casarão dos Esteves e atual morada do alemão. A jogada parecia ser intimidar Wasem ao máximo para que ele se retirasse dali o mais rápido possível. Quando ficou pronta a casa de Joaquim Gabriel de Souza, um passou a observar, literalmente, os passos do outro.

Não demorou nada para que a situação entre Wasem e Joaquim Gabriel de Souza chegasse ao limite e atingisse o "campo" do insuportável. O novo proprietário tinha adquirido o Campestre Canella e tudo que houvesse nele, e nisso estava a morada de Wasem. Nesse raciocínio, estava incluído também um galinheiro que ficava junto ao casarão, e que Joaquim julgava inadequado que ainda estivesse de pé, pois a madeira apodrecera e deveria existir desde os tempos dos Esteves. Dessa forma, mandou que seu filho mais velho botasse abaixo a pequena construção, mesmo sabendo que isso provocaria a ira de Guilherme Wasem. O rapaz, de apenas vinte anos, botou-se a serviço e com o barulho que produzia em seguida viu Wasem no seu encalço. O alemão logo procurou escorraçá-lo e xingar sua família até a quinta geração. Depois que Wasem retornou para dentro da sua inestimável residência, o filho de Joaquim esqueceu do galinheiro e cravou o machado na janela da casa. Não se dando por satisfeito, passou a golpear o casarão de Wasem com o machado, dizendo que se o alemão não saísse da propriedade de seu pai por bem, sairia por mal. Nem bem terminara a última frase e o primogênito de Joaquim enxergou Guilherme Wasem apontando-lhe uma espingarda e pronto para descarregá-la, tamanha a fúria que tinha nos olhos. Aquilo só não aconteceu de fato porque o lavrador que ajudara Joaquim a erguer a casa, e que consertava o telhado vizinho, assistia a tudo e implorou pela vida do rapaz.

Em seguida Wasem foi intimado a deixar a propriedade e devolver o gado que cuidava à Fazenda do Fachinal, num prazo, irrevogável, de três dias. O alemão nem quis saber e voltou a bater pé dizendo que dali não sairia nem morto. Ocorreu que a família Wasem foi posta a tiros de pistolas para fora do Canella, dando tempo apenas para que pegassem algumas roupas e em seguida montassem nos cavalos dos posseiros para partirem em disparada.

Joaquim Gabriel de Souza, não demorou muito, destruiu o casarão que Wasem morava e botou fogo em cada pedaço de madeira que encontrou pela frente, dando fim, de uma vez por todas, a qualquer tentativa de Wasem retornar. Guilherme Wasem viria ainda a reclamar o Campestre Canella, por intermédio de um processo movido contra Joaquim Gabriel de Souza, mas que não daria em nada, perdendo a ação em todas as instâncias.

Os Wasem rumaram mais para o norte, a oeste das terras do Fachinal, e se instalaram num lugar de profunda beleza. Dessa vez, absolutamente inabitado. As matas virgens abrigavam uma fantástica e belíssima cascata. Não havendo posseiros anteriores na região e aproveitando-se da época pacífica para ocupações primárias, Wasem simplesmente tomou posse de um considerável pedaço de terra, dividido por arroios. Em seguida a família Wasem construiu uma casa e um celeiro próximos à cascata do arroio do "Caracol". A cascata inicialmente foi batizada de Cascata Wasem. O colono tocou a vida no Caracol, juntamente da família, por muitos anos. Wasem finalmente se preocupava só com a terra, plantando feijão, cana, mandioca, milho, cuidando de algumas cabeças de gado e cercado de árvores frutíferas. A movimentação de gente em meio à mata logo chamou a atenção de outras famílias, que se juntaram a Wasem para trabalharem em suas terras.

Em 9 de outubro de 1880, o alemão resolve oficializar o seu território e acaba fazendo um pedido de requerimento de medição junto ao juiz do município de São Francisco de Paula. A medição do Caracol foi marcada para o dia 25 do mesmo mês, teve três editais públicos e aconteceu por intermédio do agrimensor João José Rath, auxiliado por Venâncio Manoel Corrêa na função de ajudante de corda. Foram quatro dias de audiência. O marco número 1 acabou ficando na barra do arroio da Forquilha no Rio Santa Cruz. Depois da demarcação, o marco 15 dá números finais à história, mencionando nesse ponto a cascata Wasem, em homenagem a seu descobridor. A medição apontava nada mais nada menos do que quinze milhões e oitocentos mil metros quadrados de área. O agrimensor João José Rath, em 29 de outubro daquele ano, acaba fazendo um minucioso mapa do Caracol, ocultando apenas a cascata, já que a considerava, do ponto de vista, digamos, aproveitável, menos significativa do que uma simples vertente.

Aos poucos Wasem vai se desfazendo das terras, vendendo um pedaço aqui e outro ali para famílias que surgem numerosas, ano após ano, em busca dos mesmos sonhos e objetivos do alemão ao desembarcar no Brasil. Ele acaba falecendo em 3 de novembro de 1889, com 77 anos de idade, não exatamente onde havia imaginado inicialmente, mas no seu segundo chão, o Caracol.

Bárbara Flach falece cinco anos depois, deixando os bens para os filhos. Henrique Wasem, filho do casal, ainda tinha muito das terras do Caracol em volta da Cascata, anos após a morte da mãe, quando enfim resolve vendê-las. Um dos compradores acaba sendo o próprio agrimensor João José Rath, que anos antes havia feito a medição inteira do Caracol. Henrique Wasem vai se juntar a seus pais em 12 de abril de 1920, no cemitério do Caracol, bem próximo à Cascata e acima do túmulo de Guilherme Wasem e Bárbara Flach.

Para situar as terras que Wasem ocupou inicialmente, que compreendiam o Canella Campestre, e encaixá-las naquilo que vem a seguir, é preciso dizer que a região saiu do completo anonimato através dos tropeiros, por volta de 1738 e 1739. São eles que atravessando as tropas de gado pelo campo e parando para descansar no meio do caminho dão nome ao lugar. Campestre Canella nasce graças às sombras aconchegantes das caneleiras, na época abundantes por toda a região; e onde depois de acomodar o gado e os cavalos, conseguindo pasto para os animais, essa gente iria esticar o corpo e relaxar os músculos.

Wasem morreu pobre. Mas esse lavrador alemão foi um gigante aventureiro. Desses que a história trata de personificar e guardar para a eternidade.

A cascata com o nome de Wasem não durou muito tempo, pois assim que o belíssimo lugar passou a ter o menor vestígio de visitação turística, todos se referiam a ela como sendo a cascata do Caracol. A "cascata do arroio que, ao longo de sua extensão, tem o formato de um caracol". O arroio do Caracol já tinha esse nome um pouco antes de Wasem chegar.

Muito próximo da queda livre da Cascata do Caracol, está o cemitério da família Wasem, e mesmo aqueles familiares que moraram e morreram longe dali, hoje repousam naquela que foi a maior paixão e um símbolo da obstinação, marca registrada, de Guilherme Wasem.

Pois bem, quando falamos do Campestre Canella estamos falando do lugar que hoje é o município de Canela. O Caracol, que virou Parque e também pertence à cidade, é um patrimônio ambiental dos mais relevantes do país e um dos maiores e mais belos símbolos do Estado do Rio Grande do Sul. Portanto, a família Wasem tem papel fundamental no primeiro episódio dessa história. O capitulo seguinte, e não menos importante, dá seqüência à jornada iniciada por Wasem, com a formação de um povoado em volta do campo que conheceu, amou e foi obrigado a fugir, e a lendária saga do coronel João Corrêa Ferreira da Silva, que culmina na fundação do município de Canela. Um gigantesco cavalo de ferro passará por aqui.

Coronel João Corrêa – A Fundação de Canela

João Corrêa tem uma história de vida que caberia em umas mil páginas, sem esforço, prendendo o leitor nas linhas com uma facilidade inquestionável e saborosa. Seria mais ou menos como atrelar os olhos a um épico tão bem temperado e maravilhoso como o do quixotesco Garibaldi, em suas aventuras quilométricas pelo sul do país. A trajetória de Corrêa, assim como a sua personalidade marcante e sua importante contribuição para o Rio Grande do Sul, já dariam subsídios mais do que consistentes para narrar seus passos escalando páginas atrás de páginas. No entanto, vamos focar nossa lente lá pelo final desse estupendo livro imaginário, lembrando ao leitor que esta "viagem hipoteticamente impressa" já foi devidamente sintetizada para não escaparmos daquilo que Wasem começou a "escrever".

João Corrêa nasceu em 1863, em Santa Maria da Boca do Monte. Aos 19 anos, ou seja, em 1882, ele teve a oportunidade de conhecer o Campestre Canella, que na época pertencia ao carrasco de Guilherme Wasem, Joaquim Gabriel de Souza. A região ainda se apresentava relativamente inóspita, com uma que outra casa, além daquela construída por Gabriel de Souza, aos memoráveis dois metros e meio de distância da ex-morada de Wasem. Mas a visão de João Corrêa, ao chegar às terras, provocou-lhe o mesmo impacto que atingira o seu atual dono em sua primeira visita ao campo. Não era para menos, se nos dias de hoje chegarmos ao lugar em que ficava a residência de Gabriel de Souza, no atual município de Canela, já teremos entendido Wasem, Gabriel de Souza, o tenente-coronel e todos os demais apaixonados que por lá estiveram. E se a imaginação funcionar bem o bastante, eliminando os ares de civilização, chegaremos então a essa imagem que passou pela retina do jovem Corrêa e foi alojar-se em sua alma entusiasta para sempre. Não foi uma visita qualquer, mas assim que a beleza lhe encheu os olhos, João Corrêa não quis saber de outra coisa e ligou todos os botões de sua aguçada percepção. Uma olhada a sua volta e significava dizer que estava estudando as possibilidades de levar para lá o progresso de uma vez por todas.

O progresso, uma palavra que simplesmente encabeçava o dicionário de Corrêa, chegaria por intermédio de uma audaciosa, ambiciosa, sonhada, aparentemente utópica, mas não impossível estrada de ferro.

João Corrêa era um ferreiro que se apaixonara pela construção das estradas de ferro. Por aquilo que elas significavam, como elas surgiam e o que eram capazes de transportar, que havia trabalhado por muito tempo na Viação Férrea do Rio Grande do Sul e que almejava cortar a serra e levar a ferro e fogo o progresso até o seu topo. Ultrapassaria quantas montanhas fossem necessárias. Derrubaria todas as resistências que surgissem em seu caminho. Compraria a terra que conheceu aos 19 anos de idade, construiria ali a sua residência, fundaria uma vila, uma estação e transportaria o progresso e o crescimento a um futuro município, tendo originalmente nos bolsos apenas o dinheiro de seu mediano salário. Este era o sonho do jovem João Corrêa, e acreditem-no, começou a botá-lo em prática quando se mudou para Lageadinho, no município de Taquara, onde tratou logo de empreitar o trecho da estrada de ferro Santa Maria-Cruz Alta.

Em 1894 ele se muda para São Leopoldo e dá seqüência a sua obra progressista. A essa altura, João Corrêa já havia se transformado em uma própria locomotiva. E cada trilho cravado no solo era um pedaço de madeira a mais na caldeira dessa verdadeira máquina de coragem e heroísmo. Quando em 1899 foi aberta, pelo governo do Estado, a concorrência para a construção de uma estrada de ferro que ligasse Novo Hamburgo a Taquara e Canela, os primeiros da fila eram João Corrêa, Agnelo Corrêa, seu filho, e Augusto Carlos Legendre. Mais do que isso, apenas esses três homens foram capazes de se apresentar para o projeto, já que as demais concorrências haviam abandonado a idéia, julgando-a impossível de realizar. Botar trilhos em terra plana era uma coisa, vencer uma montanha na serra era tarefa para loucos que não tinham os pés no chão. Sendo assim, os "três mosqueteiros do ferro" receberam a concessão e a autorização para arregaçarem as mangas e assumirem a missão de levar o trem para a região, conforme o decreto nº 262 de 18 de dezembro daquele ano.

A construção começou no início de 1902, e já em 17 de agosto de 1903 foi concluído e devidamente inaugurado o trecho Novo Hamburgo-Taquara, assim como a abertura da estrada que iria ligar Taquara a Canela.

Nesse ano, João Corrêa e o seu filho Agnelo sobem a serra completamente decididos em comprar o Canella, que pertencia na época a Ignácio Saturnino de Moraes. Feita a proposta ela é recusada, mas isso não abate nem um pouco os Corrêa, que imediatamente procuraram o capitão Felisberto Soares de Oliveira, onde mediante uma proposta conseguem comprar boa parte do "quadro" em volta do Canella e pertencente ao Fachinal. Uma parcela dessas terras adquiridas pelos Corrêa hoje compreende a cidade de Canela e a região onde se encontra o Hotel Laje de Pedra. Agora só estava faltando a estrada de ferro que chegasse naquele campo e a construção de sua morada, para que João Corrêa praticamente concluísse o seu sonho. Mesmo não tendo conseguido o Canella, Corrêa lidava com a sua nova terra como se tivesse adquirido o continente perdido de Atlântida ou o Eldourado. A vibração era tanta que resolve procurar o governador Borges de Medeiros para expor um plano que contemplasse uma estrada de rodagem até lá. A estrada ligaria Parobé até Canela, e o Estado arcaria apenas com metade das despesas. O poder de fogo de Corrêa em persuadir alguém só é comparável ao de Assis Chateaubriand na recente história brasileira. Tanto foi assim, que a estrada imediatamente saiu do papel para estender-se até a serra, e parte dela é conhecida hoje como a Avenida das Hortênsias que liga Gramado a Canela. Borges de Medeiros, que era tido como um governante dos mais duros e difíceis para se fazer negócio, subiu a serra e esteve presente a cavalo no ato de inauguração para presenciar a vitória de João Corrêa e conhecer o campo que depois receberia uma estação férrea.

A luta de Corrêa para puxar os trilhos ao seu chão teria muito caminho a ser percorrido, e com grandes dificuldades em cada um dos trechos. Só em 1919 é que são concluídos mais 21 quilômetros dessa saga, fazendo com que a estrada de ferro chegasse a Várzea Grande, pertencente a Gramado. Daí em diante, João Corrêa precisa negociar e muito para que a história não fique, literalmente, pelo meio do caminho.

Depois de conseguir um empréstimo, ele aprova mais dez quilômetros de trilhos até a localidade de Gramado. Esse trecho é inaugurado em 9 de abril de 1921. Para muitos a obra estava mais do que concluída, enquanto que para João Corrêa chegar até ali e nada significavam a mesma coisa. Seria uma derrota difícil de engolir, uma verdadeira tragédia, um sonho que teria morrido a pouquíssimos quilômetros dos braços de seu idealizador. Para Corrêa era tudo ou nada.

Quem trabalhava contra ele era a natureza, que apesar de bela e grande motivadora do projeto, ao mesmo tempo era quem lhe impunha as maiores dificuldades para que o empreendimento avançasse. Estes eram argumentos que convenciam as autoridades de que o projeto era inviável e louvável até onde havia chegado. Corrêa nem queria saber de ficar parado e estudava passo por passo da estrada, projetando soluções para cada uma das partes mais difíceis. A sua força de vontade era inabalável. Transformaria a sua obsessão em sonho realizado, custasse o que custasse.

No caminho para Gramado, o impedimento maior eram os morros, invioláveis. Surgiam como muros gigantescos barrando os trilhos. Cem metros contornados e os próximos trezentos teriam que voltar para trás. O tempo corria, a natureza estaria ali para sempre e, além disso, o dinheiro estava acabando. A obstinação, a inteligência e o destemor eram os maiores aliados de João Corrêa. Com estes três "elementos" combinados, o coronel João Corrêa Ferreira da Silva produziu uma obra única na história férrea da América Latina.

No trajeto entre Sander e Gramado, existia uma combinação geográfica lindíssima, mas ao mesmo tempo era o maior dos calos no sapato de João Corrêa. É nesse ponto que surge o "Rabicho" como solução para driblar as dificuldades topográficas e avançar a estrada de ferro. O Rabicho foi construído de modo que o trem teria que andar primeiro de frente, dentro da sua normalidade, para depois aplacar de ré e então investir novamente de frente, podendo só assim dar seqüência à viagem. A saída mais fácil era fazer um túnel, idéia inicial de Corrêa, mas que foi logo abandonada pela falta de dinheiro.

Com o Rabicho, o coronel João Corrêa não só resolveu de uma vez por todas a situação, como também deu origem a uma obra que impressionou os mais renomados e visionários engenheiros de sua época.

O trabalho estava concluído até Gramado, mas havia um problema. Sustentar a estrada de ferro era um novo e preocupante desafio. Reuniões intermináveis junto ao governo do Estado davam conta de que a tarefa seria de fato muito difícil. A encampação parecia insolúvel. Até que Borges de Medeiros se rende mais uma vez a João Corrêa, e resolve encampar o trecho concluído e autorizar a compra da estrada de ferro pelo preço de três milhões trezentos e vinte nove mil e seiscentos e cinqüenta e dois réis. Na época era muito pouco, ou quase nada, se fossem levados em consideração a magnitude do projeto e quanto João Corrêa tinha gastado até ali. Abrindo picadas e ultrapassando terrenos íngremes e tortuosos, com uma mão-de-obra comparável a uns 20 exércitos, a proposta de Medeiros pareceu muito mais um punhado de trocados do que qualquer outra coisa. Mas João Corrêa não teve alternativa senão aceitá-la. Selou o acordo e fez questão de deixar claro por que o estava fazendo.

"Meu desejo é não ficar devendo um vintém a quem quer que seja. Pagarei até o último níquel. A minha glória e a de meus filhos é a de havermos vencido a subida da montanha, arrostando sacrifícios penosos e até fome. A estrada ficará aí para exemplo dos que tiverem que repetir esta façanha. Nada mais queremos. Canela será a Petrópolis do Rio Grande do Sul e verão, os homens de amanhã, se fomos uns utopistas ou se revelamos ao Rio Grande um dos mais belos e futurosos recantos de seu território."

Corrêa estava decidido. O progresso chegaria até Canela e ele tratava de alimentar a imaginação projetando o futuro do lugar que amava de maneira irrestrita. Nesse período, a região não contava com mais do que umas duas ou três dúzias de casas e aproximadamente uns trezentos habitantes. João Corrêa não estava preocupado exclusivamente com a estrada de ferro, mas assim que ela avançava com todos os seus devidos sacrifícios, ele ao mesmo tempo se encarregava de motivar os moradores e levar para lá cada vez mais gente. Se por um lado a estrada chegaria, teria de existir alguém para recebê-la, e com isso tirar proveito dela e fortalecer o sonho de que o campo se tornasse uma cidade com um futuro brilhante. E nisso estava um toque de genialidade do coronel. Uma coisa levava à outra. Vendendo os seus lotes, ele conseguia dinheiro para a estrada e ao mesmo tempo gente para desfrutá-la. A estação terminal de trem era o seu trunfo para motivar as famílias que já se encontravam em Canela, e convencer aqueles que buscavam abrir um negócio e prosperarem.

As vendas dos lotes eram realizadas pelos filhos do coronel, enquanto ele se dedicava quase que integralmente à estrada de ferro, em Taquara ou São Leopoldo. Depois de ter conseguido com que Borges de Medeiros encampasse a estrada até Gramado, João Corrêa finalmente consegue estendê-la até o seu objetivo final, entre os anos de 1921 e 1924. Era uma nova façanha realizada, a maior de todas, deixando para os incrédulos a suntuosa imagem do impossível diante de seus olhos. Os últimos trilhos não saíram de seu bolso porque já não tinha mais dinheiro, mas dos bolsos dos amigos "canelenses". Além do apoio das pessoas, Corrêa ainda teve de fazer um empréstimo bancário e a garantia precisou do reforço da hipoteca de uma boa parte de suas terras. João Corrêa vendeu 9 milhões de metros quadrados dos 30 milhões que possuía para a conclusão da obra. A garantia junto ao Estado, porém, acabou lhe proporcionando mais um empréstimo do Banco do Brasil. Mas ao final das contas entregou tudo ao governo, como havia dito e prometido.

Em 1924, antes mesmo de o trem chegar, inúmeras pessoas compraram lotes de João Corrêa. O seu esforço era reconhecido e aplaudido por todos. Muito mais do que isso, ele impulsionava em velocidade assustadora o cheiro do progresso que tanto sonhara. O trem chegaria e com ele um futuro melhor para os canelenses. O desenvolvimento em um dos vagões, empregos em outro, sustentabilidade no seguinte, até que fossem agregadas famílias suficientes para transformarem o povoado em uma das cidades mais belas do Rio Grande do Sul.

O dia é 1º de agosto de 1924, e por entre pinheirais e caneleiras, subindo a serra, o assobio imponente do enorme cavalo de ferro rompe o ar, levanta as aves da mata, desponta serra acima e mergulha no fundo dos olhos das pessoas do então povoado do Campestre Canella.

A estação Férrea de Canela, no entanto, só foi inaugurada de forma oficial no dia 13 daquele mês de agosto e passou a ser conhecida pelo Estado inteiro com a publicação dos novos horários em todos os jornais, nomeando o trecho como "Ramal Férreo de Taquara e Canella".

Vinte e um anos foi o tempo que durou esse verdadeiro e impressionante épico, cujo herói é João Corrêa Ferreira da Silva. A última batalha e a mais dura de todas, para que o trem pudesse chegar ao seu destino, era de apenas e tão-somente oito quilômetros de trilhos. Era justamente essa pequena distância que separava Corrêa do seu sonho. A estrada concluída ligava Canela à capital do Estado por um total de 58 quilômetros de malha férrea. A construção partia de uma altitude de 29 metros e atingia a inacreditável distância de 830 metros acima do nível do mar, além da vertiginosa montanha até então intransponível e finalmente vencida. Esse feito para a época foi sem precedentes e digno de uma admiração cravada no seio da eternidade. Uma obra gigante pelo tamanho, pela beleza e pelos homens que nela acreditaram e resolveram construí-la, em especial o coronel João Corrêa.

O coronel conseguiu de fato realizar seu sonho e acabou realmente se tornando o fundador de Canela. Corrêa vem a falecer em São Leopoldo, em 16 de março de 1928, ocupando o cargo de intendente do município. A sua família e seus descendentes permaneceram na região que sonhou possível transformar em cidade com a chegada de um trem.

O Ciclo da Madeira
●

A chegada do trem fez Canela acontecer. O povoado começava a receber o progresso de braços abertos. O fato em si mexia com o imaginário dos aproximados 350 moradores da região, assim como boa parte da população do Estado, especialmente os habitantes da capital, que adoravam a idéia de aventurar-se num trem que subisse, corajosamente, a serra gaúcha.

O embarque na capital era feito na Rua Voluntários da Pátria, e a partida do trem acontecia às seis e trinta da manhã, tendo a companhia do fiscal que alertava, em alto e bom tom, para cada parada ao longo do caminho. A marcha do trem era absolutamente moderada, e acerca disso exigia o máximo da máquina quando esta se aprontava para subir a lendária montanha que o vitorioso João Corrêa havia superado. Nesse trecho, um homem a pé iria mais rápido. A emoção maior ficava por conta do Rabicho. A passagem que compreendia o Rabicho era um declive assustadoramente íngreme, obrigando a marcha do trem a ser invertida. O cavalo de ferro subia a rampa de marcha-ré, fazendo com que os menos corajosos descessem nesse ponto e fossem a pé até o outro lado da estrada. Como esse fato era mais comum do que ficar nos vagões pagando para ver o que acontecia, nada melhor do que ter ali um estabelecimento, obrigatoriamente, rentável. Um armazém com vinhos, salames, queijos, pães e doces fazia as honras para os volumosos desertores. Passando o Rabicho, o trem retornava de frente e então parava para pegar de volta esses, devidamente, relaxados e empanturrados passageiros e dar seqüência à viagem.

Movido a carvão e lenha, esse possante arremessava uma fumaça densa e preta para todos os lados. A pressão da máquina era impressionante. As janelas viviam abertas porque o calor dentro dos vagões acabava transformando o lugar numa gigantesca e dispensável sauna. O único luxo para conviver com as faíscas de carvão e fuligem, que acabavam sendo inevitáveis, eram os guarda-pós fornecidos pela Cia. Viação Férrea.

A atual estrada asfaltada de Taquara outrora corria paralelamente à passagem dos trilhos. A locomotiva, portanto, ia beirando todos os barrancos existentes pelo caminho, fazendo muita gente fechar os olhos ou desviá-los da encosta. Olhar para baixo significava fazer um resto de viagem desconfortável. Muitos passageiros seriam capazes de relatar as inúmeras vezes em que pensaram que o trem despencaria. O apito era soado pelo maquinista a dois quilômetros da estação final. Diminuída a marcha, esse cidadão era o encarregado de bater o sino e avisar a população de sua chegada. A cada bater de sino a impressão que se tinha era de mais uma heróica batalha vencida. Ao parar na estação, a locomotiva soltava uma nuvem de vapor que levava um bom tempo para ser dissipada, num barulho ensurdecedor, lembrando um cavalo que, depois de uma jornada estressante, estivesse dando o seu relinchar num misto de vitória e exaustão.

Aqui Canela acena com uma de suas primeiras manifestações turísticas. Boa parte dos passageiros residia na capital, e aconselhados pelos médicos de família, essa gente encorajava-se a subir a serra em busca de ar puro e descanso, principalmente aqueles que sofriam de tuberculose. Com o passar do tempo não era necessário problemas de saúde para visitar Canela. E os passageiros desembarcavam para conhecerem as belezas naturais da região. Tratava-se dos veranistas. Pessoas que deixavam a capital, nos seus dias de verão, querendo respirar melhor, banharem-se nos arroios e passearem pelas matas. Muitos viriam para ficar, comprando lotes de terra aqui e ali.

A malha férrea trouxe muito mais do que veranistas para Canela. A atividade do turismo, sequer pensada e ordenada, apenas engatinhava nessa época e acontecia de forma espontânea. Além da locomotiva, existiam outros quatro vagões, dois de passageiros, um maleiro e o último encarregado do correio e mantimentos. Enquanto esta máquina tratava dos primeiros turistas de Canela, uma outra cuidava do real interesse comercial do povoado. Uma atividade que, então, fazia mais jus ao progresso imaginado por João Corrêa. O epicentro do desenvolvimento de Canela estava num outro trem, o de carga. Este sim movimentava volumes consideráveis de dinheiro para uma localidade tão pequena.

O rigoroso inverno não impedia que a locomotiva soprasse serra acima. Os ventos fortes e o frio em nada incomodavam o poderio do possante cortando os barrancos, as nuvens, a neblina e atravessando a montanha. A neve batia na sua couraça e derretia em seguida, com o monstro de ferro cuspindo o vapor erguido pela forte pressão que produzia. Mesmo com as nevadas, num branco imaculado pela paisagem serrana, o trem seguia viagem trazendo famílias que subiam para ficar. Enquanto um dos trens carregava esses futuros habitantes em busca do progresso, o outro levava nas costas o motivo do primeiro. O trem de carga descia com força total atrelado a toneladas de madeira em seu encalço.

Inúmeras serrarias se instalavam em volta do campo, com um tipo de negócio que crescia rapidamente e que, naquelas condições geográficas, só um trem realmente tornaria possível acontecer. A matéria-prima não faltava, mas tirá-la dali era tarefa apenas para os gigantes de ferro que subiam e desciam a serra fizesse frio ou calor.

Na verdade, a abundante madeira existente e de boa qualidade não pertencia a Canela. São Francisco de Paula e Espigão Preto eram os principais fornecedores da matéria-prima. Assim as serrarias davam os novos ares do futuro para a localidade. O que acontecia de fato em Canela, com as serrarias e a passagem da madeira por ali, era pura e simplesmente o beneficiamento das toras. Cortá-las e tratá-las dando o formato de tábuas para que seguissem viagem, na maioria das vezes, com destino à exportação. Canela era mais uma vez uma espécie de passagem de um grande investimento, assim como havia sido nos tempos dos tropeiros com a travessia do gado. O grosso do dinheiro ia para outras localidades, mas beneficiar a madeira projetava muitos empregos e um trabalho, senão na mesma proporção, igualmente rentável. Destacavam-se nesse período, em razão do comércio da madeira e do avanço de novas construções, as ferrarias de Luiz Wender, Domingos Fellipetti, Roberto Secco e Marçal Santos, entre outras. Casas precisavam ser construídas. Diretamente e indiretamente, as araucárias e caneleiras semeavam salários para a comunidade, lançando o chamariz até os olhos de muitos aventureiros.

Saíam de Canela, em média, dois trens de carga por dia, levando a considerável quantia de sete vagões carregados de 60 dúzias de tábuas. A atividade emergia a todo vapor. A madeira era responsável por tudo de novo que acabasse surgindo naquela próspera região. Estabelecimentos dos mais variados. Armazéns para sustentarem os moradores e empregados famintos, depois de cansativas horas de trabalho, pequenas instalações, como barbearias e vendas de secos e molhados, assim como a necessária e esperada zona do meretrício.

Por volta de 1926, o campo já havia se transformado, incontestavelmente, num ótimo lugar para os negócios. Começava a existir mais espaço para as visitações turísticas, que aos poucos passavam a competir com a presença das serrarias. Nesse mesmo ano o território foi elevado à condição de distrito pelo ato municipal nº 309 de Taquara, mais precisamente em 2 de março de 1926. Quem ocupava o cargo de intendente de Taquara nessa época era ninguém mais ninguém menos do que João Manoel Corrêa, filho do coronel João Corrêa Ferreira da Silva. Em 14 de março foi realizada a sessão inaugural do 6º distrito de Taquara, com sede em Canela.

No final dos anos 20, Canela se encontrava repleta de estabelecimentos comerciais e pequenas indústrias. Convergiam assim os interesses de trabalhar em Canela e visitá-la. O aumento da população e do desenvolvimento obrigou o surgimento de pensões. De algum modo era preciso acomodar a mão-de-obra que, apesar de ter diminuído, continuava chegando sedenta por um emprego fácil, mas também aqueles que por lá resolviam apostar a nova vida; e, por fim, destinar o resto do espaço para o sempre fiel, e cada vez mais numeroso, turista.

O primeiro lugar da região a receber uma estrutura de acomodações, com a intenção de hospedar pessoas, surgiu no Caracol nas antigas terras de Wasem, o Hotel Werner, que depois seria derrubado dando lugar ao Hotel Sonnenstrahl, inaugurado em 1916. Um lugar de difícil acesso e pouco conhecido, mas de rara beleza, que tinha por objetivo vender a imagem de uma estação de engorda. Tornar as distintas moçoilas da época mais roliças e fornidas, para que estas pudessem desposar. Afora isso, abrigava viajantes e tropeiros com destino a outras localidades. Mais tarde, os hóspedes seriam recepcionados em Sander, última parada do trem, antes de rumarem para o Caracol.

Mas um hotel de fato, na parte central do distrito, nasceria pelas mãos de Henrique Feltes. Percebendo que muita gente chegaria junto com o trem, ele resolve erguer uma construção para acomodar negociantes e viajantes, ainda em 1919. O Hotel Feltes não podia imaginar, no entanto, que o lugar sofreria em seguida uma tempestuosa invasão de turistas e pessoas atrás de um futuro melhor. Não havia como prever um sucesso daquela ordem, em tão pouco tempo, para o seu minúsculo negócio. O Hotel Feltes não estava preparado para lidar com um formigueiro de gente, que mais lembrava a corrida do ouro. Por esta e outras razões ele não perdurou até os dias de hoje e foi derrubado no final dos anos 30. Coube-lhe a honra de ter sido o primeiro hotel da região central de Canela.

A família Corrêa também teve a idéia de investir no que era uma boa perspectiva de negócio em Canela. Um ramo que surgia lucrativo e necessário. Porém, não houve homem na história de Canela que acreditasse mais nela do que João Corrêa. Aos 19 anos já sonhava em fazer do campo que conhecera um município. Estava perto disso, agora que a região alçara à condição de distrito de Taquara. Mas desde que fixou residência ali, João Corrêa vivia com a casa sempre cheia de convidados. Autoridades, homens de negócios, familiares e amigos com problemas de saúde. Numa dessas ocasiões, acaba ouvindo de sua mulher que, pelo fato da família ter de conviver sempre com um punhado de hóspedes, o melhor mesmo seria transformar logo a casa num hotel. Aquilo bastou para que João Corrêa gerasse o embrião do Grande Hotel Canela, em 25 de dezembro de 1916. Corrêa fez aquilo realmente para acomodar pessoas conhecidas do Estado inteiro que, de um jeito ou de outro, sempre procurava arrastar para o lugar que amava incomensuravelmente. Queria mostrar a quem pudesse o que julgava ser o mais belo e paradisíaco lugar do Rio Grande do Sul.

Se por um lado Henrique Feltes foi o primeiro a fazer um hotel dentro do ponto central de Canela, com reais intenções de comercialização, João Corrêa veio ainda antes dele, em boa localização, com o pensamento voltado à acomodação de turistas e, de certo modo, com mais um símbolo de precursionismo. Perderia somente para o pioneirismo escondido de Werner no Caracol. Corrêa estava dotado de despretensão, é verdade, mas que mais tarde evoluiria a iniciativa a um belo negócio lucrativo, ao contrário do pequeno Hotel Feltes, que chegou a realizar muitas festas e bailes para a comunidade nos seus tempos áureos.

De fato o que ocorreu foi que Corrêa quando resolveu se mudar incorporou a sua casa às outras cinco existentes em suas terras e as transformou em chalés para os seus hóspedes. Dava para imaginar Corrêa recebendo essa gente e subindo morros pelas manhãs, destacando uma caneleira aqui, um riacho acolá, e retornando para os Chalés, com a sua mulher tendo preparado um belo café colonial.

Quando o trem chegou, Danton Corrêa, filho do coronel, ao lado de sua irmã, Josephina Corrêa, enxergaram, aí sim, o ramo hoteleiro como sendo um bom investimento e, aproveitando a estrutura inicial, criam uma sociedade para administrar o Grande Hotel. Logo em seguida os dois constroem o imponente prédio central, como não poderia deixar de ser, integralmente de madeira, em 1926 e terminam por inaugurá-lo em 1927.

Em 31 de março de 1938 acontece a divisão administrativa e judiciária do Estado, onde a então sede do distrito de Canela passa a ser considerada uma Vila, por ocasião do decreto nº 7.199. Aproximadamente 325 residências, 33 casas de comércio, 12 hotéis e pensões, além de 4 fábricas, pintavam o cenário inteiro de Canela. A madeira seguia sendo a principal atividade da região. No ano seguinte, no dia 31 de maio, Canela recebe a primeira fábrica de celulose ao sulfito da América Latina, a FACELPA (Fábrica de Celulose e Papel S.A.). Os irmãos Emílio e Willy Diesnstmann eram os proprietários. Escolhem a "baixada" em Canela para instalarem a fábrica. O lugar era perfeito, tendo um riacho ao lado que fornecia água em quantidade suficiente para abastecer a indústria. Dessa forma, um pouco da matéria-prima e do polpudo dinheiro deixavam os endereços no exterior e de outras localidades para ficarem pertinho de casa, e só então partirem depois, além das fronteiras do país, na condição de papel. O maquinário era todo importado, pois no Brasil não existia nada parecido com aquelas ferramentas revolucionárias. Depois do trem, das serrarias e dos hotéis, a fábrica dos irmãos Diesnstmann surgia como o grande acontecimento na vida dos canelenses.

O papel transformou Canela outra vez. A FACELPA rugia entre os pinheirais e araucárias. A fábrica tinha uma usina termoelétrica abastecida por uma caldeira gigante. Esse aparato ajudava a fornecer parte da eletricidade para o resto da cidade. Não poderia ser diferente, o local da fábrica fervilhava e era o centro das atenções. Para os canelenses onde houvesse fumaça é porque tinha progresso. Já havia sido assim com o trem. Apesar de não ficar em uma parte totalmente central, era o bairro da Celulose que mais crescia. Em volta dos irmãos Diesnstmann e sua potente indústria surgiam igrejas, grupos de escolas, casas comerciais, locais de lazer e produção de serviços que até mesmo o centro da cidade não era capaz de ter. A madeira tinha adquirido um novo status. Agora, além de receber tratamento em Canela, ela era transformada, mudando também a estima dos canelenses. Nesse tempo os investimentos no ramo madeireiro tinham produzido alguns outros "tigres" do negócio. A Industrial Madeireira Ltda. era uma delas, a Cooperativa Serraria de Pinho João Corrêa era outra, esta com nada mais nada menos do que 35 serrarias espalhadas na região. Mas a Rinaldo Dieterich & Cia Ltda., apesar de gostar dos pinheiros, araucárias e caneleiras, tanto ou mais do que as outras empresas, "apostaria as suas fichas" também num outro investimento vultoso e ousado.

Cassino Palace Hotel

Canela agora era também dos turistas. A madeira tinha feito a sua parte, continuava forte, mas havia ajudado muito a impulsionar de vez o turismo na serra. Muita gente do Estado considerava as férias de verão em Canela um luxo inigualável. Os ares fluíam e rumavam para uma legítima Belle Époque serrana. As fortes emoções do Rabicho, as belezas ao longo da estrada, o clima agradável com uma brisa refrescante (incapaz de existir até mesmo em sonhos na capital gaúcha), riachos, uma cinematográfica cascata, pinheiros, uma romântica estação de trem e, por fim, um faraônico cassino, que mais parecia ter sido transportado inteiro por um transatlântico de Las Vegas até Canela. Ao menos em seu "cartão-propaganda", na vultosa quantia negociada com a Caixa Econômica Federal e principalmente na primeira e monstruosa parte da construção, com um bom pedaço concluído.

O jornal Correio do Povo, de 19 de agosto de 1942, deixava claro que se Canela já tinha um potencial turístico natural, ele quintuplicaria com a inigualável obra que estava sendo posta de pé.

UM GRANDE CASSINO EM CANELA

"Já nos referimos ao surto de progresso em todos os recantos do Estado. Entretanto, não poderíamos deixar de destacar um dos maiores empreendimentos no gênero, na América do Sul, e que está sendo levado em bom termo há mais de seis meses, para o que os seus idealizadores escolheram a pitoresca vila de Canela, que fica situada ao extremo norte do município de Taquara, e que, mercê de seu clima, comparável aos das mais famosas estações de veraneio conhecidas, vem atraindo para ali, num crescente vertiginoso, um considerável número de turistas. E Canela vai possuir, sem exagero de expressão, um gigantesco centro que se denominará 'Cassino Palace Hotel' ".

Canela aspirava, mais do que nunca, à condição de se tornar uma estação climática incomparável no país e quiçá na América do Sul. Para tanto, uma das principais preocupações era, de uma vez por todas, emancipá-la de Taquara. A cruzada foi encabeçada por Pedro Sander, da empresa Sander & Dieterich Ltda., que por sua vez idealizara e encarregara-se de construir o Palace Hotel, Nagibe Galdino da Rosa, Danton Corrêa da Silva, filho do coronel Corrêa e dono do Grande Hotel, e Pedro Oscar Selbach. A população inteira contribuiu subscrevendo um memorial em apoio à emancipação.

Existiam mais do que argumentos e números para convencer quem quer que fosse. A indústria existente exportava bastante e sem quedas. Anualmente, aproximadamente 1.300 vagões de madeira bruta saíam da região. Na sede central existiam dois grupos escolares em plena atividade, duas igrejas, três hotéis fortes, incluindo o Grande Hotel, crescente número de turistas, inúmeras casas comerciais e uma porção de outros pequenos estabelecimentos, entre eles uma série de pensões. Já havia muito mais do que o necessário para efetivar a emancipação. As exigências passavam por no mínimo 300 casas e 4.000 habitantes. No início da década de 40, Canela ultrapassava facilmente mil casas e um contingente de pessoas superior a 7.000 habitantes.

Foi então que o interventor do Estado, Ernesto Dorneles, assinou o decreto nº 717, publicado no dia 28 de dezembro de 1944, declarando e criando o município de Canela, com jurisdição sobre território pertencente a Taquara, numa área de 220 mil quilômetros quadrados.

Quase dois anos e meio antes da emancipação, o Palace Hotel começava a ser erguido. No início de janeiro de 1942 as obras já tinham saído do chão e logo em seguida as paredes da primeira fase atingiriam os dois metros de altura. Pedro Sander e W. Rinaldo Dieterich, da Sander e Dieterich Ltda., negociavam um empréstimo de grande envergadura com a Caixa Econômica Federal, onde obteriam sucesso. O projeto não era um sonho, ou sequer passava perto da utópica estrada de ferro. Tratava-se de uma realidade monumental. O Cassino já estava efetivado naquilo que tangia à dinheiro, lugar, apoio, condições legais e mão-de-obra. Ou seja, só um desastre imprevisível poria o projeto abaixo. O Cassino estava de vento em popa e seria o único da América Latina naquelas proporções. Uma obra impressionantemente gigantesca. Canela não via a hora de a coisa toda acontecer e fazer chover ainda mais turistas atrás de cada um dos seus milhares de pinheiros espalhados pela cidade. Viria gente do Uruguai, Argentina e de todo o Brasil. Os três grandes hotéis se multiplicariam em 200, em menos de dez anos. O comércio receberia um aquecimento arrebatador, fazendo da região uma verdadeira e apoteótica capital do turismo brasileiro. Um futuro nem mesmo cabível nos jovens sonhos do visionário fundador do município, João Corrêa. A fome pela obra e seus desígnios era tanta, que um improvisado cassino no centro da cidade já movimentava os bolsos dos mais bem-sucedidos empresários e turistas, dando uma pequena e prévia amostra do sucesso que seria o Cassino Palace Hotel.

Respirava-se o jogo pelas ruas de Canela. Onde quer que se fosse, o assunto parecia encher os lugares com a atmosfera dos dados, cartas e fichas. Rodas de amigos em bares, pessoas na estação à espera do trem, gente pelos saguões dos hotéis, todos narravam desventuras, sortilégios e sucessos da noite anterior, com dados viciados que tinham posto fora pequenas fortunas, ou forças do destino que haviam enriquecido fulano em apenas duas horas. As histórias eram quase sempre as mesmas, mudando de vez em quando apenas o valor, dependendo, a sorte ou o azar, a pessoa ou o dia. Canela ganhava fácil as manchetes dos jornais em todo o Estado e já penetrava na mídia nacional. O pior ainda demoraria um pouco a chegar, mas quando chegasse, para não dizer que não deixaria pedra sobre pedra, preservaria alguns exemplares para as futuras e literais ruínas.

O jornal Correio do Povo seguia sua reportagem, atiçando os seus milhares de leitores. Dando detalhes de algo descomunal em tamanho, luxo e dinheiro. Os trechos a seguir ilustram, melhor do que qualquer outra coisa, como estava o andar da carruagem.

INCENTIVO PARA LEVAR A EFEITO A GRANDE OBRA

"... Como se poderá observar, uma das finalidades da gigantesca obra é intensificar o turismo, constituindo, pelo conforto que proporcionará, um verdadeiro 'centro obrigatório', principalmente para os viajantes que procedem das Repúblicas do Prata, onde há relativamente reduzido número de estações climáticas..."

"A altitude do local onde está sendo construído o maior cassino-hotel do país situa-se em plano número um no nosso Estado, a quase 900m acima do nível do mar. E precisamente é essa uma das razões pelas quais têm sido disputadas as terras naquela zona..."

Não restava dúvida de que o Cassino Palace Hotel acabaria trazendo uma considerável quantia de dinheiro para o país, por ocasião do turismo, sendo que para Canela, proporcionalmente, o ganho seria umas dez vezes maior.

A família Dieterich era uma das mais ricas de Canela, sendo que W. Rinaldo Dieterich, além de proprietário da madeireira Rinaldo Dieterich & Cia Ltda., era sócio de Pedro Sander na Sander e Dieterich Ltda., encarregada do projeto do Cassino Palace Hotel. E por conta própria, os Dieterich já tinham estabelecido um outro hotel, de madeira e com uma belíssima arquitetura, em frente ao parque que abrigaria o extraordinário estabelecimento. Ali, durante um bom tempo, as pessoas da alta sociedade canelense viveram sábados e domingos de verdadeiros lordes ingleses. Uma tradicional feijoada, nada inglesa, era servida para os convidados mais distintos e ilustres do município. O convite era feito com o envio do menu, que, além de data, local e hora, descrevia ingrediente por ingrediente do prato principal. Para completar o final de semana, todos os convidados participavam de uma caça à raposa, aí sim, nos melhores e protocolados moldes ingleses. Essa festa tinha uma importância estratégica. Não era qualquer pessoa a participar dela. Mas autoridades, gente destacada da comunidade e, na grande maioria, empresários de grandioso porte. Ao passo de que a iniciativa servia para bajular os próprios canelenses, levantando o moral de todos, ao mesmo tempo produzia um impacto emocional extremamente bem-sucedido, já que o hotel ficava de frente para as obras do cassino, ao alcance dos olhos dos convidados, atraindo investimentos de toda ordem para Canela e o empreendimento.

O Cassino Palace Hotel, caso tivesse atingido o seu objetivo, teria sido uma obra arrebatadoramente luxuosa, impactante e nunca antes vista no Brasil. É difícil prever, com detalhes e precisão, o que poderia ter acontecido a Canela se o cassino tivesse vingado. Mas uma coisa é certa, o crescimento turístico teria sido meteórico e avassalador. Tudo caminhava muitíssimo bem. As forças federais aliavam-se às estaduais e à Sander e Dieterich Ltda., numa espécie de harmonia e cumplicidade celestial. Não havia impedimento de natureza alguma. Não tinha como as coisas darem errado.

O PROJETO TEVE APROVAÇÃO DO INTERVENTOR FEDERAL

Logo que foi organizada a firma Sander e Dieterich Ltda., os seus componentes mandaram preparar o projeto do grande empreendimento e o submeteram à apreciação do Interventor, General Cordeiro de Farias, do qual obtiveram a sua integral aprovação, tendo naquela ocasião a sua Exa. visitado pessoalmente o local onde hoje estão em marcha acelerada as grandes obras, tendo tido palavras de louvor e aplausos para a firma que está mandando executar o "Cassino Palace Hotel".

Como é natural, um cassino não poderia ser completo sem serem nele introduzidos os divertimentos e jogos.

Para tal fim, o Governo concedeu a necessária licença para a exploração dos jogos, entre os quais a roleta e o bacarat, os quais serão instalados em amplas salas construídas especialmente para este fim.

Como se poderá observar, com tal realização o Rio Grande do Sul terá em breve sanado uma de suas lacunas, ou seja, a falta de uma estação de repouso dotada de máximo conforto, com instalações luxuosas tendo entre outras vantagens a da acessibilidade, tanto por parte daqueles que demandam para o "Cassino Palace Hotel" pela estrada de rodagem bem como a via férrea.

As instalações do Cassino Palace Hotel impressionavam pelos números e a descrição do seu conteúdo. A área total da construção era de 12.316 metros quadrados. A primeira etapa completa, uma parte chegou a ser erguida, tinha 7.768 metros quadrados, custando na época 2.750 contos de réis. Existiriam, entre tantas coisas, lagos que compreenderiam 800m no coração das matas, inúmeros salões para os jogos, parque de golfe, quadras de tênis, um imenso american bar, mesas de bilhar, barbearias, salões de beleza, diversas bombonieres, salas com brinquedos para crianças, cinema, jardim de inverno com 300 metros quadrados, um luxuoso restaurante, consultório médico para os hóspedes, alto-falantes em todos os locais, em comunicação direta com os hóspedes e os apostadores, salões para ginástica, padaria, cofres, câmeras frias e fabricação própria de gelo, piscinas, campo de aviação, etc. e etc. A história não parecia ter fim. O cassino tinha sido projetado, inclusive, para "apostadores de verdade" e aqueles que fossem apenas "brincar um pouquinho". A chamada ala popular era de 500 metros quadrados, enquanto que a ala luxuosa era formada por um Grill-Room de 400 metros quadrados, tendo o hall 300 metros quadrados, com 4 estufas à lenha. Talvez o aposento que mais tenha chamado a atenção, por mais lendário que possa parecer, tendo passado velozmente de boca em boca pelos habitantes de Canela, era uma sala com absoluta forração acústica, totalmente isolada e devidamente lacrada por fora, para acomodar o aventureiro que tivesse sido arruinado pelas mesas de jogos, perdendo tudo o que possuía e que, por fim, resolvesse dar cabo da própria vida. O quarto do suicídio.

Concluindo a reportagem do Correio do Povo, os últimos parágrafos ressaltavam os investimentos que Canela receberia, reverenciando o clima e a beleza do município, tendo, inclusive, o próprio interventor comprado o seu "pedacinho" de terra para o governo, e a implícita ansiedade de que o projeto atingisse o seu objetivo logo de uma vez.

"Para terminarmos essa reportagem, devemos dizer que, reconhecendo a excelência climática sem par de Canela, o general Cordeiro de Farias adquiriu ali uma grande área de terras para mandar construir um edifício destinado para o palácio de veraneio do Governo do Estado, cujos os parques já estão em trabalho.

O trajeto entre Porto Alegre e Canela é feito atualmente em apenas 2 horas e um quarto, de automóvel, sendo o mesmo pela estrada federal por Nova Petrópolis, e dali em diante, em idênticas condições de comodidade e rapidez, pelas obras realizadas pelo Departamento Autônomo de Estradas de Rodagens.

Futuramente, conforme promessa do Governo do Estado, que mandará fazer ligação com a estrada federal, será o percurso diminuído em 30 km, que permitirá realizar a viagem entre a capital e Canela, em menos de duas horas!"

Aquilo que era para ser o maior acontecimento da história de Canela, com a vinda do trem e que revolucionaria o turismo do município, se transformou numa de suas maiores frustrações.

Canela foi emancipada em 1944, botando em polvorosa os idealizadores e partidários do Cassino Palace Hotel. Os turistas chegavam sem parar. A primeira fase da construção estava bem encaminhada. No entanto, dois anos depois, as obras foram totalmente suspensas por ordem do então presidente da República, Eurico Gaspar Dutra, que baixava um decreto proibindo de vez o jogo no Brasil. Ficaram para trás e para sempre um total de 10 mil metros quadrados de obras inacabadas. Sendo concluídos apenas um pouco mais de 2 mil metros quadrados do gigantesco cassino. O sonho estava lançado ao vento, tendo ficado apenas as ruínas de pé para ilustrá-lo.

Canela continuaria a crescer e principalmente se organizar, mas o turismo tinha recebido, inapelavelmente, um forte golpe baixo para enfrentar as próximas décadas.

As Primeiras Décadas

Canela seguia pelo caminho da madeira. O caminho que ela percorria, saindo de municípios vizinhos e recebendo o beneficiamento nas serrarias. Além disso, a indústria que era representada pela imponente FACELPA ajudava na evolução do município. A sustentabilidade da cidade dependia, mais do que nunca, de que a atividade continuasse forte e contribuindo para o seu desenvolvimento. Nesse período em diante, uma série de acontecimentos vai dando demonstrações de crescimento e organização urbana, no conceito de progresso. Nasce a Rádio Clube de Canela, em 1945, por intermédio de Semílio Munaretti, trazendo a primeira emissora de rádio para a região. A imprensa chega no ano seguinte, em 21 de abril de 1946, com o pioneiro jornal Sentinela, fundado por Francisco de Albuquerque Montenegro. O cinema, que existia desde 1928, construído talvez pelo primeiro agitador cultural da cidade, o professor Sylvio Hoffmann, no início da década de 50 passa a ser uma das atrações mais requisitadas pela população, recebendo também bailes e festas particulares. Em 1953, começa a ser construída a monumental e belíssima Catedral de Pedra, no local da antiga, sob responsabilidade do arquiteto Bernardo Sartori. A pedra fundamental da catedral é sentada por Dom Vicente Scherer. Um ano depois, em 17 de abril de 1954, o Palácio das Hortênsias é inaugurado, transformando-se na preferida casa de descanso do governo do Estado, levando para o município uma série de solenidades oficiais. São intensificadas as ações religiosas, com festividades como o Auto de Natal e Os Ternos de Reis, sendo que em 1960 acontece a 1ª Festa de Caravaggio, por parte da idealizadora Ângela Rigotto. Em 11 de março de 1963 o apito do trem é ouvido pela última vez, com a estrada de ferro sendo totalmente desativada.

Antes de avançarmos aos anos seguintes, precisamos perceber que Canela enfrentava duas fortes crises, iniciadas em um mesmo período, o final dos anos 50. Uma coisa veio de arrasto com a outra. Uma delas com o término do ciclo da madeira. É nessa época que Canela sente-se fortemente desnorteada. Foi um novo e duro golpe para os canelenses. Dessa vez, não em cima do que poderia ter sido, mas daquilo que era de fato e muitíssimo importante. As reações foram imediatas e em parte devastadoras. Colégios fecharam as portas de um dia para o outro, assim como ferragens, armazéns, empresas, serrarias (praticamente todas não conseguiram resistir) e até a zona do meretrício deu adeus aos anos de ouro, abandonando o lugar. Como não havia planejamento, desde que a madeira passou a ser extraída, ou nenhuma preocupação destinada à matéria-prima, como o replantio das árvores nativas, ela simplesmente acabou. Acabou do mesmo modo que uma mina de ouro chega ao seu final. O filão havia sido esgotado em sua exploração desordenada. As serrarias não tinham mais o que tratar. O trem não tinha mais o que transportar. Os canelenses precisavam se reerguer.

O turismo passou a ser a crise seguinte. Não era nem sombra daquele que existira com a chegada do trem. Apesar de continuar belíssima, Canela já não tinha mais a projeção de outros tempos. Os jornais quase nada ou muito pouco falavam em seu nome. O município era menos conhecido do que o 6º Distrito de Taquara fora, ou a Vila de Canela. Tudo acontecera rápido demais. O trem chegara e com ele o ciclo da madeira havia atingido um posto que jamais pensou em se perder. Depois, o turismo despontou como nunca e um Cassino transformaria Canela num parque turístico inigualável. Sucessivamente, estes catalisadores do progresso, curiosamente, despencaram um a um, como as bases de um castelo de cartas. Um fenômeno acontecia com Canela. Uma estranha coincidência que parecia circundar a região, surgindo de décadas em décadas com a promessa de alçar a sua terra ao paraíso. Uma espécie de fantasma que semeava a prosperidade durante um tempo, despertando o frenesi e o entusiasmo dos moradores, e que depois desaparecia levando consigo as mesmas sementes, antes que estas pudessem cair no solo e tratarem de germinar o sonho que prometiam.

Nos primórdios da cidade, quando ainda era conhecida por Campestre Canella, o gado passou por ali e tratou de desaparecer em seguida. Campestre Canella era apenas a passagem do real e verdadeiro dinheiro e depois um simples lugar de descanso para os tropeiros. A mesma coisa acontecera com o trem, a madeira e o cassino. Uma passagem. Ciclos que mal surgiam para morrerem logo adiante. Canela mergulhava num vácuo atrás do outro. Como o seu trem de sua história já tivesse passado e com ele trazido o sonho e, com o fim dele, se encarregado de levá-lo embora.

As frustrações foram muitas e, como se sabe, numa reação em cadeia. Mas agora, o que sobrara eram os resquícios dos bons tempos. Muito pouco para que Canela voltasse a brilhar. Nos anos seguintes, uma que outra fábrica de calçados aparece na região, não adquirindo sustentabilidade. A indústria não consegue fixar raízes, a agricultura, por sua vez, não tem a menor chance de se estabelecer diante do cenário extremamente acidentado da região. Em nenhum momento, geograficamente, Canela poderia oferecer condições para essa atividade. O turismo cai vertiginosamente. Canela começa a viver apenas de suas lembranças.

O grande vilão da cidade, entre os anos 70 até o final dos anos 80, era absolutamente invisível. Essa obscura sensação que sempre dava um jeito de velar as iniciativas do desenvolvimento. Algo que lançava a estima dos canelenses ladeira abaixo. Sem que os seus moradores se dessem conta, o que estava órfã e escondida, contribuindo ferozmente para que os problemas se agravassem, era a identidade de Canela. Os canelenses, assim como o seu amado chão, enfrentavam uma crise de identidade superior à beleza natural de sua terra. Assim como as estrelas de maior brilho, Canela luzira magistralmente, mas a luz durara muito pouco, esvaindo-se de maneira precoce. Em razão disso, um sentimento de derrota parecia inevitável. No entanto, em 1975, uma esperança renascia com um grande empreendimento que começava a ser construído na serra. O Hotel Laje de Pedra surgiria para, logo adiante, participar de maneira fundamental no urgente e necessário resgate do potencial nato do município. Canela e os canelenses precisavam se descobrir outra vez, mutuamente, antes que fosse tarde demais. Alguma coisa precisava ser feita e devolver para Canela o que sempre fora seu desde o começo.

Memórias e Fotos

Cascata do Caracol - a imponência de um dos principais símbolos do Rio Grande do Sul

Parque da Ferradura - um belo parque florest que, circundado pelo arroio, tem o formato de u ferradura

Festival de Teatro - a *fábrica de sonhos* em plena atividade num dos maiores eventos de Canela

Arte na Rua - a manifestação do teatro, enraizado na alma da comunidade canelense, nas ruas da cidade

Monumento à Integração - CONESUL - a bela escultura que homenageia o encontro dos presidentes do Mercosul

Parque Laje de Pedra - um bom exemplo da qualidade de vida que a cidade pode oferecer aos seus visitantes

Mundo a Vapor - a forte presença do trem na vida dos canelenses mereceu a construção de um belo parque temático para os turistas

Parque das Sequóias - uma das maiores coleções de coníferas do mundo

Catedral de Pedra - a grandiosa Catedral Nossa Senhora de Lourdes, no estilo gótico inglês, possui uma torre de 65 metros de altura

Morros Pelado, Queimado e Dedão - possuem uma visão de 180° para se observar paisagens belíssimas, além de possuir uma geografia ímpar para prática de esportes radicais

Parque das Corredeiras - o Rio Paranhama oferece corredeiras desafiadoras para os apreciadores da prática do *rafting*

Ruínas do Cassino Palace Hotel - as ruínas daquele que seria o maior empreendimento do gênero na América Latina

Festa Colonial - uma das festas típicas da região serrana

Descida Vertical - a geografia de Canela é perfeita para prática dos esportes radicais

Floresta Encantada - de frente para a Cascata do Caracol, com uma extensão de 405m, o teleférico leva a um mirante extraordinário

Vale do Quilombo - uma bela visão da paisagem serrana

Castelinho - uma das primeiras residências da cidade, construída sem pregos, apenas com módulos de encaixe, abriga um museu com peças dos colonizadores da região, além de funcionar como casa de chá

Parque do Pinheiro Grosso - os visitantes poderão conhecer a araucária *angustrifolia* (Pinheiro Brasileiro), ponto de referência da vegetação serrana com 42m de altura e aproximadamente 700 anos de vida

LIVRO II

– Projeto Canela 2000 –
Reconquistando o Horizonte

Os Primeiros Passos

Canela vivia debaixo da sombra da indefinição. Uma encruzilhada começava a ser construída no início dos anos 70 e chegaria ao final dos anos 80 como uma obra completamente acabada. As pessoas enfrentavam um sentimento de profunda derrota. Todos sabiam que Canela estava diante de um período difícil, mas não sabiam por quê. Os canelenses estavam lidando com algo invisível. Um fantasma que lhes assombrava nas serrarias desativadas, com máquinas mortas e entregues às ações do tempo, trilhos que cortavam a cidade lembrando o gigante de ferro tombado e cujo apito só poderia ser ouvido no pensamento. Um cheiro de nostalgia que entorpecia os habitantes e os fazia sonhar com o que tinha sido e não voltaria jamais. As inclemências dos fatos do passado simplesmente faziam com que a população se visse às voltas com um inimigo que desconheciam e não podiam enxergar. Muito menos que armas utilizar e de que forma enfrentá-lo e vencê-lo. De maneira óbvia, as decisões precisavam rumar ao encontro de atitudes concretas e idéias que fossem postas em prática urgentemente. A cidade estava sem alma, olhando-se no espelho e vendo um rosto desconhecido. Canela não sabia mais qual era a sua vocação.

À medida que os anos avançavam sem a madeira, o cassino e a estação de veraneio, os problemas multiplicavam-se. A auto-estima do canelense estava mergulhando num poço sem fundo. Dois metros para baixo e já não era possível enxergar a mínima luz para tirá-la dali. A impotência caminhava de mãos dadas com a desilusão e arremessava as coisas num vácuo de desânimo incomensurável.

A madeira tinha terminado, mas as pessoas não tinham assimilado essa perda. Muitos insistiam em permanecer no campo, em volta das serrarias e olhando para o passado e ignorando o presente. Era o mesmo que lidar com a morte de um filho. Entrar em seu quarto e segurar os seus pertences, saboreando os maravilhosos anos em que haviam passado juntos. Imaginar que a qualquer momento ele poderia entrar pela porta e lhes dar um abraço e um sorriso. O modo teimoso de resistir a algo que tinha acabado dificultava a comunidade a enxergar o seu verdadeiro potencial.

Uma série de fatos curiosos ainda iria se apoderar de Canela no início dos anos 70 e invadiria a década seguinte. Para começar, existia um bom número de pessoas que chegava na cidade para ficar. Essa gente migraria a sua mão-de-obra para localidades vizinhas que, na época, tinham melhores ofertas de emprego. Os novos moradores do município, na sua grande maioria, eram pessoas habituadas em trabalhar com a madeira. As araucárias tinham deixado uma enorme clareira na alma dos canelenses. Sem a madeira, os recentes habitantes resumiam-se a uma mão-de-obra desqualificada, que se sujeitava a pegar o primeiro salário que aparecesse. Mas esse salário só surgia em municípios vizinhos, até mesmo, em alguns casos, na cidade de origem desses trabalhadores.

Ocorre que Canela ainda oferecia, por causa dos seus problemas urbanos, generosos espaços de terra a preços mais do que módicos. Não existiam saneamento básico, água, luz e nem cheiro disso acontecer tão cedo. O contingente de pessoas que trabalhavam na vizinhança, oriundo de localidades como Bom Jesus, São Francisco de Paula, Cambará do Sul, Igrejinha, Três Coroas, Taquara, entre outras, acabava transformando Canela num receptáculo de uma imigração regional. O resultado é que os impostos e a circulação da compra dos produtos ficavam nos municípios empregadores e os operários mal remunerados em Canela, transformando a cidade num grande dormitório desses exaustos cidadãos.

A cidade de Gramado geminada a Canela, separada por uma distância de apenas seis quilômetros, vivia uma situação completamente oposta. Enquanto Canela abraçava a falta de perspectivas, Gramado se atirava nos braços do progresso.

Concomitantemente ao desestímulo dos canelenses, no início da década de 70, Gramado começava a receber a indústria calçadista e moveleira. Fábricas de sapato surgiam como as hortênsias abundantes na região. Sem o peso de um passado que prometera o sucesso e jogara seus habitantes numa situação difícil, Gramado não encontrava impedimentos para crescer. Muito antes pelo contrário, o município estava sendo abastecido de uma história sólida e sem o menor vestígio de que ruísse em algum ponto.

Entre os anos de 1969 e 1971, Gramado daria início ao que seria o seu grande "projetor" progressista. Através de um sentimento coletivo dos seus moradores, a cidade aproveitaria o bom momento para investir ainda mais em si mesma. Um evento estava prestes a nascer e com isso mudar a história do município para sempre.

As Festas das Hortênsias daqueles anos receberiam uma mostra de filmes como um novo e bem-sucedido atrativo. Munidos de um grande entusiasmo, todos se juntam à comunidade artística nacional, à imprensa e aos turistas para transformar a iniciativa num projeto de caráter oficial.

Dessa forma nascia o 1º Festival do Cinema Brasileiro de Gramado, de 10 a 14 de janeiro de 1973, e passaria a ser realizado anualmente dali em diante.

Enquanto Gramado fervilhava com a sua mais recente mina de ouro, Canela lutava para deixar a apatia de lado.

O espírito do coronel João Corrêa Ferreira da Silva parece nunca ter abandonado Canela. Quando comprou as terras de Felisberto Soares de Oliveira, Corrêa na ocasião enxergou imediatamente, em uma parte específica do campo, o lugar perfeito para erguer mais um de seus sonhos. Tratava-se de um empreendimento único e que posto de pé faria inveja à capital e ao Estado inteiro. Naquele período o Cassino Palace Hotel estava distante de surgir até mesmo como um reles embrião. Não podia sequer passar pela cabeça do pioneiro coronel João Corrêa. Por isso a idéia de construir, no belíssimo vale que comprara, um hotel luxuoso e com mais de duas centenas de quartos parecia não ter concorrentes à altura. Esse pensamento martelava as têmporas de João Corrêa como um sino de uma igreja. A obstinação estava no sangue e sabendo ou não que se encaminhava para o fim da vida, antes tratou de transmitir aos filhos e aos netos o seu inestimável desejo. Deve ter feito isso de uma forma tão convincente, persuasiva e comovedora, que o primeiro membro da família que tivesse a oportunidade de realizar a obra a acabaria fazendo mais por respeito e obrigação moral do que por dinheiro.

Não foi preciso mais do que duas gerações para que o então neto de João Corrêa, José Luiz Corrêa Pinto, resolvesse construir uma das poucas coisas que o avô não conseguira fazer em vida.

A família Corrêa, geração após geração, crescera com a idéia de que Canela era uma estação de veraneio inigualável no Estado gaúcho. Sendo assim, a mulher e os filhos de José Luiz Corrêa Pinto habituaram-se a freqüentar a cidade nos meses de janeiro e fevereiro. Mesmo depois que o turismo tinha despencado.

O Caracol, apesar de não conter mais o empreendimento de Werner, o Hotel Sonnenstrahl e outras casas do ramo, caracterizava a região como sendo propícia para amenizar o calor e passar as férias. Também o próprio Grande Hotel tratava de reforçar o cultivo do veraneio na cidade fechando as suas portas no inverno. Os arroios e a beleza da cascata, apesar do acesso difícil naqueles anos, serviram para despertar o interesse de turistas nos dias de verão. Não existia melhor clima e lugar para se tomar um banho em toda a serra gaúcha. Para os Corrêa aquilo era sagrado, mesmo que o tempo tivesse levado embora o aspecto de estação climática de outrora, na fantástica, amena e ensolarada Canela.

Nas idas e vindas, verão após verão, José Luiz Corrêa Pinto, que herdara parte das terras do avô, inclusive a parte que de antemão tinha sido destinada ao sonho do hotel, não conseguia desviar os olhos do campo, cobrindo-o com uma estupenda obra imaginária. Olhava para o lugar e as palavras do avô perseguiam o seu pensamento, como se ele próprio as estivesse murmurando ao pé do ouvido. Na época, a região representava um grande loteamento.

Não demorou muito para que o espírito do coronel Corrêa encorajasse o neto em mais uma aventura pelas terras de Canela. Dessa forma, José Luiz Corrêa Pinto resolve dar vazão ao sentimento de que o hotel precisava ser construído a qualquer custo. A partir daí ele passa a procurar uma parceria para o investimento.

O Grupo Habitasul nesse instante se apresentou com o capital e José Luiz com as terras e o trabalho, numa sociedade dividida meio a meio. Um ano depois, José Luiz acabaria se desfazendo de sua parte na sociedade com a Habitasul, mas não da responsabilidade familiar de ter projetado e ajudado a construir o magistral hotel no seu berço original.

Em 1975, começava a construção do imponente Hotel Laje de Pedra, fazendo mais um desejo de João Corrêa virar realidade. A família Corrêa tinha aquilo como uma espécie de ideal, e dois anos depois de muito trabalho, o filho de José Luiz, José Vellinho Pinto, recém-formado em engenharia, se juntaria à empreitada para ser o engenheiro fiscal da obra. João Corrêa, depois José Luiz Corrêa Pinto e finalmente José Vellinho Pinto. João e José haviam sido nomes constantes na família. Coincidência? A verdade é que uma espécie de genealogia tornava impossível essas pessoas negarem as suas origens. De pai para filho, herdava-se muito mais do que o nome. Os Corrêa sempre mantiveram o entusiasmo e apostaram num futuro otimista para Canela. Um sonho que se por acaso ameaçava desaparecer na morte de um dos Corrêa procurava renascer em seguida com o nascimento de outro.

A visão de José Luiz Corrêa Pinto era uma espécie de herança do seu avô. Um legado que havia passado de histórias em histórias, por diversas ocasiões. Esse sentimento era forte o bastante para vislumbrar o potencial de Canela no passado e acreditá-lo possível em seu futuro. O Laje de Pedra serviria para despertar a idéia do turismo em Canela. O hotel se posicionava, e talvez não soubesse disso naquele momento, como um marco importante na retomada da cidade em direção ao seu potencial turístico.

Aquele virtuoso monumento inserido num dos cenários mais belos da cidade contribuiria como uma espécie de aposta para que os canelenses tão logo enxergassem a sua querida identidade, mas também o tão esperado caminho a ser seguido.

Na década de 80, Canela ainda vivia desnorteada e enfrentando os mesmos problemas com a mão-de-obra, os loteamentos, a falta da circulação do dinheiro dos impostos, sem indústrias e diversos problemas sociais, apenas para citar alguns dos desequilíbrios urbanos. O canelense seguia sentindo o peso da sua baixa auto-estima. Mas uma coisa tinha mudado, apesar de não ser notória. Turistas chegavam, mesmo que timidamente, para se hospedarem no Laje de Pedra.

No final da década de 80, José Vellinho Pinto, filho de José Luiz Corrêa Pinto e engenheiro fiscal do Laje de Pedra, é eleito prefeito do município de Canela. Sendo um conhecedor da cidade e da sua população, dentro de um convívio legítimo, José Vellinho Pinto assumia a prefeitura sabendo que enfrentaria inúmeras dificuldades.

Era preciso dar um rumo para a cidade e fazê-la acreditar em si mesma, partindo às pressas para o desenvolvimento. No entanto, a identidade de Canela ainda estava submersa, escondida, assim como o Laje de Pedra, que por uma questão de sobrevivência direcionava a sua publicidade para a serra, sem precisar o lugar em que estava localizado. O Laje de Pedra, apesar da insegurança que tinha por assumir o local em que estava, passava a ser um dos responsáveis para que as peças se encaixassem no lugar e as dúvidas dos canelenses fossem dissipadas naturalmente.

A encruzilhada, justamente no instante em que José Vellinho Pinto assumia a prefeitura, estava pronta e acabada. Uma gigantesca encruzilhada. Um apedicelado de anseios. Havia quem achasse que a estrada certa era incentivar a vinda de indústrias. Mas existiam aqueles, que vendo o Hotel Laje de Pedra atrair turistas para a região, desejavam o caminho do turismo como destino à salvação. O prefeito procuraria a comunidade e junto dela teria de escolher, sem poder esperar, qual dessas direções Canela deveria seguir.

Para tanto era preciso sentir a população. Diagnosticar o sentimento do canelense e os porquês de sua existência. Analisar cuidadosamente os fatos pelos quais Canela tinha trilhado um caminho e chegado até ali com todos os seus problemas. Isso não era nada fácil, já que por mais de 30 anos ninguém havia encontrado as respostas. Não que o prefeito fosse fazer as coisas acontecerem de uma só vez, solitariamente e num despertar brilhante, do dia para noite, entre dormir e acordar. A verdade é que, assim como um gigantesco quebra-cabeça de uma bela e inestimável paisagem, Canela sofrera turbulências que haviam desalinhado as peças e as separado integralmente, deixando a sua imagem embaralhada. Alguém, ou alguma coisa, precisava encaixar as partes de novo, peça por peça, ou sonhar que algumas novas sacudidas, mágicas e espantosas, reorganizariam tudo de uma vez só. Mesmo por etapas, isso tudo poderia levar anos e quem sabe décadas para acontecer. Mas de tentar fazê-lo os próprios canelenses não poderiam fugir.

Muitos fatores iriam conspirar a favor de Canela daqui para frente, aliando-se à administração pública, para botar as coisas outra vez em ordem e com perspectivas favoráveis para a cidade. Além do Laje de Pedra, que cada vez mais dava um jeito de fazer com que turistas abordassem o comércio de Canela, a fama de Gramado mexia um pouco com os brios dos canelenses e suscitava um desconforto que terminava por estimular a população a se organizar e reagir. O sentimento da comunidade e a sua união seriam preponderantes, assim como os fatores externos da própria economia global, que atingia e por sua vez desativava as fábricas da região, para que o cerco fosse fechado em volta da saída lógica do turismo para todos na serra gaúcha.

No caso específico de Canela, a visão da nova administração pública estava altamente conectada ao empurrão que o próprio período histórico tinha se encarregado de dar. A visão e abertura para o diálogo e opinião da comunidade faziam parte do plano administrativo da prefeitura. Mais do que uma obrigação, ou simplesmente querer parecer bonzinho aos olhos dos canelenses, aquela postura era uma necessidade vital para as coisas mudarem. Melhor dizendo, a única postura cabível dadas as circunstâncias.

Depois de colher nas ruas a voz da comunidade canelense e verificar todos os fatores, indícios e acontecimentos culturais, econômicos e sociais, o prefeito de Canela se vê às voltas com a necessidade de organizar uma espécie de "plebiscito" que definiria o potencial do município. Fazê-lo acontecer seriam outros quinhentos.

Todo o processo para que Canela assumisse para si a sua nova identidade seria traçado e executado por etapas. O próprio anseio e a opção da população em seguir por determinado caminho precisavam ser colhidos e obtidos por conta da execução de parte do projeto. O mesmo projeto que viabilizaria, futuramente, as ações e as estratégias ideais para alçar a cidade até o ápice da exploração benéfica do seu potencial escolhido. Ou seja, aquele que fosse apontado para supostamente questionar e ouvir a comunidade canelense seria o mesmo que tornaria realidade o resultado das respostas encontradas.

Para tanto, a responsabilidade de apontar as soluções concretas, aos olhos do poder público, caberia a um profissional especializado na área de comunicação e marketing. Alguém que pudesse enxergar, diagnosticar, motivar, traçar e atingir metas personalizadas.

A partir de uma informação, que dava conta de que o prefeito de Canela estaria procurando uma pessoa da área de relações públicas com a finalidade de desenvolver um projeto específico, um projeto que contemplasse e otimizasse as festividades de Natal, a Consultoria, por meio da empresa *Suzana Vellinho Englert – Consultores de Comunicação Integrada*, resolve candidatar-se para a missão.

Em seguida, o prefeito revelaria o seu real desejo, desfazendo a necessidade aparente de contar com alguém apenas para um evento específico. Imediatamente após ser apresentada a empresa, é marcada uma reunião e através dela são expostas as reais e verdadeiras intenções da prefeitura, basicamente nos seguintes termos apontados pelo prefeito José Vellinho Pinto:

Não quero contratar alguém para fazer um evento de Natal, ou contar com uma pessoa que o coloque dentro dum novo e belo contexto. Isso porque sou prefeito de um município que está atravessando um período praticamente entregue às trevas, em razão do fim do ciclo da atividade madeireira e o término do segundo grande momento de Canela, que foi a presença de um cassino, fechado por ordem federal, além da decadência da estação de veraneio. Esses fatores, que eram vitais para a cidade, uma vez terminados, deixaram a comunidade totalmente sem rumo. Estou precisando de uma pessoa que faça um trabalho de envolvimento comunitário e que esse trabalho possa ser expresso nos seus desejos, nas suas percepções, nas suas opiniões com relação ao seu futuro. Não me parece que, na condição de gestor desse município, eu possa fazer isso exclusivamente sozinho, ou ainda, tornar-me o mentor das estratégias a serem adotadas. Imagino que alguém especializado no assunto, com experiência na área de comunicação, venha a ser a pessoa ideal para botar em prática estas idéias. O meu papel não será outro senão o do incentivador dos mecanismos e das posturas adequadas que por fim nos levem ao desejo de uma comunidade inteira.

A tarefa seguinte era partir para as ruas ao encontro dos canelenses e de suas dúvidas, perspectivas e considerações. A maioria da comunidade apontaria a direção correta para os próximos passos.

A Comunidade Escolhe o Seu Caminho

Procurar saber do próprio canelense o que seria melhor para Canela era mais um sentimento do que qualquer outra coisa. Porém, os meios pelos quais isso acabaria sendo feito não surgiam concretamente diante dos olhos da prefeitura. A palavra de ordem era "comunidade" e a sua derivação era "trabalho comunitário". Dessa forma é que o poder público se referia à necessidade urgente de mudança para a cidade. Uma mudança que resultaria na grande guinada com destino ao potencial do município. Já a palavra diagnóstico foi apresentada para a prefeitura como a primeira etapa, antes mesmo do anteprojeto, a ser executada pela empresa recém-contratada, *Suzana Vellinho Englert – Consultores de Comunicação Integrada*, em 22 de agosto de 1989.

Em primeiro lugar, é preciso dizer que a empresa trabalharia com diversas frentes em sua consultoria, agregando valores em áreas distintas. Estava presente na Consultoria o pensamento de unir forças e pessoas capazes de realizar, desde o início, um trabalho em conjunto. O aspecto organizacional das ações estaria diretamente ligado à motivação dos profissionais envolvidos. Para tanto, teria de prevalecer, além das qualidades inquestionáveis de cada um, o espírito de união. Assim sendo foram agregados à Consultoria, inicialmente, Antônio Azevedo e Kátia Steiner. Formava-se então um núcleo que se responsabilizaria pelas primeiras ações, analisando dados e informações, constatando os fatos e ouvindo a comunidade. Posteriormente, ele formularia um projeto definitivo para combater os problemas percebidos pelos canelenses. Já a administração pública teria de indicar nomes que pudessem formar um segundo núcleo, que trabalharia juntamente com o do primeiro. A visão e as idéias partiriam do primeiro núcleo, seriam constatadas e enriquecidas pelo segundo. Ambos os núcleos tratariam de botar o resultado em prática, cada um de acordo com suas forças e atribuições. Não demoraria muito e todos os envolvidos naturalmente se tornariam membros duma "grande família". Uma grande família em prol de um só objetivo, Canela.

A Consultoria de Comunicação firmava um contrato de três anos com a prefeitura. Esse era o prazo para diagnosticar os problemas, encontrar a identidade de Canela, prognosticar, dar pareceres e desenvolver os mecanismos para impulsionar o seu potencial; colocá-lo em prática e implementar as demais ações totalmente integradas à comunidade. Ou seja, em outras palavras, num prazo de três anos Canela teria de estar pronta e com todo o gás para enfrentar, pelo menos, os próximos cento e cinqüenta anos. Depois de implementado o projeto, os canelenses já teriam que ter assimilado uma nova consciência e incorporado, sem deserções, a importância dela em suas ações diárias. Canela seria preparada nesse tempo para caminhar pelas próprias pernas pela estrada que a sua gente havia escolhido.

Parte da Consultoria, depois de diversas reuniões com o grupo da administração pública passou – tendo Kátia Steiner um papel preponderante – a viver dia sim e dia não em Canela, enquanto Antônio Azevedo trabalhava, também entre idas a Canela, mais tempo numa espécie de QG da Consultoria em Porto Alegre. Nesse período todos traçavam as idéias iniciais e anotavam as suas observações. Porém, em todo trabalho feito pela Consultoria, fosse ele empregado a uma empresa ou a uma instituição, e por se tratar de uma cidade não seria diferente, começava pelo diagnóstico, a primeira etapa de um planejamento de relações públicas. Partindo dessa premissa, os mais novos "moradores" do lugar, por assim dizer, foram às ruas da cidade para diagnosticar o que estava acontecendo com Canela.

No processo foram escolhidos e entrevistados longamente os secretários de Educação e Cultura, Turismo e Administração, o próprio prefeito, alguns vereadores que representavam uma das forças políticas importantes da cidade, outras forças vivas como o radialista, o dono do jornal, o padre, o dono de um açougue, a líder do coral, enfim, líderes comunitários, comerciantes e formadores de opinião. Pessoas estratégicas e que, por sua vez, já traziam estratificadas e percebidas as impressões da comunidade canelense inteira. O padre da cidade, por exemplo, sabia, em linhas gerais, o que mais incomodava a sua paróquia, assim como o radialista, Pedro Dias, que atendia centenas de ligações dos seus ouvintes. Aliás, Pedro Dias mais tarde abriria inúmeros espaços ao projeto, colaborando de forma relevante para a sua divulgação, servindo de grande porta-voz de todas as ações para a comunidade. O açougueiro que enfrentava o fraco comércio também foi entrevistado e, para completar, o dono do jornal Nova Época, Marco Viezzer, que registrava diariamente fatos e situações do município com extrema precisão. Viezzer também seria importante futuramente, dando largo espaço em seu veículo, registrando tudo aquilo que o projeto acabaria fazendo.

Durante dois meses não foi feita outra coisa. Entrevistas e depoimentos. O resultado, mediante uma planificação, não deixava dúvidas. Os canelenses pensavam e sentiam igualmente as mesmas coisas. Canela tinha vocação para o turismo, um turismo diferenciado, um turismo que buscaria aquele "curioso" em relação à qualidade de vida, preservação ambiental, teatro e cultura. As pessoas entendiam que a sua cidade tinha uma vocação expressiva e nata para o potencial turístico. E nessa direção, todos desejavam que as qualidades que, por ventura, refletissem isso fossem enaltecidas e virassem os referenciais do futuro de Canela.

Apurados os fatos, um novo trabalho foi encaminhado. Não bastava ouvir e perceber os pontos em comum, era necessário pautá-los e colocá-los de forma visível e mostrá-los de volta às mesmas pessoas. Através disso seria possível saber o que estava no caminho certo ou no caminho errado, assim como o que deveria mudar ou permanecer intocado aos olhos dos moradores da cidade.

Foram apontados os quatro vértices para o turismo, qualidade de vida, preservação ambiental, teatro e cultura, dentro de um desejo único e expresso pela maioria. Apesar de teatro também compreender cultura, digamos que ele próprio já havia sido incorporado na alma do canelense, atingindo o status de um vértice em separado, deixando as demais artes aglutinadas em outro.

O canelense queria conviver com o turista. Queria fazer parte do processo que o integrasse às atividades e aos eventos vivenciados por ele, resultando numa ação em que fosse o protagonista e anfitrião de cada uma das respectivas histórias.

Depois de devidamente organizadas as novas observações é que se chegou à conclusão do diagnóstico. O consenso quanto à verdadeira identidade de Canela estava de pé. Todos queriam e achavam tudo de forma muito igual. Concordavam aqui e discordavam acolá, dando a impressão de terem combinado as respostas antes em um outro lugar, ou ainda, de que tudo, simplesmente, não passasse duma incrível "coincidência". Mas nesse momento é imprescindível descrever melhor como o assunto era encarado pelos diversos setores da comunidade. Quais eram os pontos-chave do processo inteiro.

Um dos grandes lamentos dos habitantes de Canela estava justamente arraigado no sentimento de inferioridade proporcionado pelo sucesso de Gramado. Não que Gramado estivesse agindo pura e simplesmente de má-fé, tentando ocultar Canela para os turistas. Mas as próprias dificuldades que o município tinha atravessado ao longo de suas décadas, aliadas ao fato de Gramado estar em evidência, faziam com que o turista confundisse as duas cidades. Sempre tirando o melhor de Canela e atribuindo como parte da cidade de Gramado. O Caracol com a sua magnífica cascata era o maior exemplo de indignação do canelense.

Era natural que as pessoas se sentissem desconfortáveis com a confusão que se estabelecia por parte dos turistas. As belezas de Canela de uma hora para outra apareciam em Gramado. Gramado usurpava, mesmo sem querer, um patrimônio ambiental incalculável do dia para noite. E estava lucrando com ele. Isso mexeria com os nervos de qualquer um em situação idêntica. Mas existia um motivo maior de indignação. Achar que o povo de Canela era o mesmo que o de Gramado, sendo que as personalidades das comunidades eram verdadeiramente distintas. Se a identidade de Canela ficou por muito tempo atrás de uma poeira erguida pelo passado, agora que a população enxergava a sua cara outra vez, independentemente do descrédito de alguns, da desconfiança natural e de muitas resistências, igualar as características de uma população com as da outra significava retirar do canelense a sua própria identidade e não mais a da cidade em que vivia. Ou seja, era o mesmo que mexer intimamente com a alma de uma pessoa. Invadi-la e dizer o que nela estava certo ou errado.

O canelense sentia-se frustrado. O diagnóstico revelava, entre outras coisas, esse sentimento poderoso no coração dos canelenses. Daqui para frente, o importante seria aproveitar essa força e direcioná-la para uma reação coletiva que trabalhasse em prol daquilo que todos defendiam com unhas e dentes. Uma cidade que nascera com um privilégio natural tão raro, que um dia o transformaria em seu bem maior, em todos os sentidos. Agora era a hora de aproveitar a dádiva de Deus e fazê-la render em benefício de sua própria terra. O turismo era irremediável para Canela e viria para ficar durante toda a eternidade. A consciência para esse fato não poderia esperar e precisava ser plantada urgentemente no coração de cada um dos habitantes da cidade.

O diagnóstico deixava claro, taxativamente, que o canelense não precisava mais procurar o seu caminho, ele próprio havia se encarregado de achá-lo outra vez. Se o momento estava conspiratório, o que faltava para inicialmente catalisar a comunidade era servir de ouvidos para os seus anseios.

SUZANA VELLINHO ENGLERT – CONSULTORES DE COMUNICAÇÃO INTEGRADA

ANTEPROJETO

CANELA/TUR – Outubro de 89

1. CLIENTE: Prefeitura Municipal de Canela

2. IDENTIFICAÇÃO: Canela/Tur

3. OBJETO: Consultoria em planejamento da comunicação social, objetivando o envolvimento da comunidade local em função da potencialidade turística e sua conseqüente divulgação institucional.

O quadro de referência utilizado pela consultoria é embasado na Teoria de Sistemas e em seus instrumentos de análise e fundamentado numa concepção holística e de contingências.

A análise do sistema foi desenvolvida numa postura de não indução, nem delineamento de rodeios alternativos de propósitos ou problemas, buscando tão-somente uma visão ampla da realidade da cidade de Canela e de suas relações com o macrossistema regional do qual é subsistema.

Foram entrevistados líderes e formadores de opinião pertencentes a diferentes segmentos da sociedade, quais sejam:

Prefeito e Secretários Municipais
Câmara de Vereadores
Comércio Local
Profissionais Liberais de várias áreas
Indústria
Magistério
Pessoas ligadas a outras profissões

Foram ainda objeto de entrevistas pessoas que conhecem a cidade e a região, além de pessoas que estão ligadas à atividade do turismo.

O anteprojeto já adiantava aquilo que se havia encontrado por conta do diagnóstico e tratava de delinear algumas das futuras, devidamente enriquecidas ao longo do caminho, ações do projeto. O texto seguia o seu curso discorrendo detalhadamente ponto por ponto dos dois primeiros meses de trabalho. Mas nesse trecho em específico os problemas que haviam sido filtrados revelavam o que a comunidade inteira estava sentindo e aquilo que estava faltando para ela sair da posição desagradável em que estava.

4. PROBLEMAS

O esquema abaixo evidencia os macroproblemas identificados, tanto em nível sistêmico como em nível de macrossistema ou sistema ambiente.

4.1 | CONSCIENTIZAÇÃO da Comunidade

4.2 | DEFINIÇÃO da identidade turística de Canela

4.3 | DESENVOLVIMENTO de uma visão holística de turismo nas lideranças da comunidade

4.4 | FORMULAÇÃO de uma política em relação ao macrossistema integrada a Canela

4.5 | IMPLEMENTAÇÃO das ações e de controles integrados com o objetivo de obter resultados

Portanto, em cada um dos cinco macroproblemas apresentados está implícita uma pergunta:

Como CONSCIENTIZAR?

Como DEFINIR?

Como FORMULAR?

Como IMPLEMENTAR?

A seqüência do anteprojeto analisava a inter-relação dos problemas apresentados, mas o mais importante vinha logo a seguir, desdobrando as questões inseridas em cada um deles, com uma série de perguntas que apontavam o sentimento da comunidade.

Cada um destes problemas comporta uma série de problemas menores, que são os problemas pertinentes aos seus subsistemas Como exemplo deles, citamos alguns que foram detectados com muita freqüência em nossas entrevistas.

1. Como fazer com que o canelense tenha orgulho de sua cidade e reinvista nela o seu potencial?

2. Como fazer com que Canela se desenvolva resguardando as suas características próprias?

3. Como fazer com que a população da cidade seja vocacionada para os setores ligados ao turismo?

4. Como fazer com que a população de Canela que trabalha fora retorne para a sua cidade natal, reencontrando suas raízes e produzindo através delas?

5. Como assumir destaque na região das hortênsias?

A formulação mais extensiva destes problemas e de suas alternativas de solução é parte do projeto global a ser elaborado.

Daqui para frente, um projeto definitivo seria feito e ditaria as regras para sua aplicação com a cooperação dos dois núcleos de trabalho. A "grande família" entraria em cena e unida teria a missão de projetar Canela para os canelenses, para a região e para os turistas do país e do mundo.

Estruturando o Sucesso

O anteprojeto havia sido elaborado com base no conteúdo das entrevistas e nas impressões sobre a cidade e o espírito de sua população. Tudo num período de convivência por dois meses a fio. Mais tarde, as reuniões passaram a ser o prato seguinte. Aconteciam sistematicamente e as questões eram debatidas pelas pessoas que formavam a Consultoria, em Porto Alegre. Discutindo o formato a ser adotado, seria botado no papel o projeto final que teria a duríssima missão de trazer Canela à "vida" novamente.

O anteprojeto já havia sido integralmente aprovado pela administração pública, causando um impacto profundo e favorável para que fossem combatidos os problemas nele sugeridos. O prefeito não hesitou em reconhecê-los e enxergou-os como os grandes responsáveis pelo longo insucesso da cidade.

O planejamento definitivo foi minuciosamente estudado pela Consultoria, sofrendo modificações ao longo do processo. A grande verdade é que mesmo o planejamento final seria apenas o início de tudo. Para cada situação nova, ou mesmo idéia que surgisse, à medida que as coisas fossem acontecendo, um novo projeto teria de ser feito. Um projeto criado para atender de maneira personalizada a uma determinada causa. Assim seriam criados os projetos 1, 2, 3, 4, 5, 6, 7, 8, etc. Projeto para isso, projeto para aquilo. Mas o "pai de todos os projetos", que deixava claro que botaria no mundo outros tantos, além de registrar que a participação efetiva da prefeitura e da comunidade seria indispensável, precisava ser construído, levado até o prefeito, aprovado, apresentado para os canelenses e finalmente legalizado publicamente.

PROJETO CANELA/TUR

1. JUSTIFICATIVA

A análise dos problemas detectados no anteprojeto aprovado pelo cliente e os seus posteriores contatos feitos durante a elaboração deste projeto, principalmente o realizado no dia 5 de dezembro de 1989, em Porto Alegre, com o prefeito de Canela, nos levam a dimensionar de uma forma bem mais ampla este trabalho. Diríamos até que, numa concepção mais ortodoxa de planejamento, este documento seria mais bem denominado de plano, antecedido por um estudo preliminar e do qual decorrerão projetos específicos a serem formalizados durante a sua vigência.

Este planejamento implica uma concepção de comunicação integrada fundamentada em que, através da detecção de reais valores do cliente, muitas vezes em forma potencial, é que se pode realizar um processo de "tornar comum", ou seja, nada mais do que comunicar e que somente nesta situação será possível desenvolver um trabalho eficaz.

Estes valores nós encontramos em Canela, uma "Canela Culta e Bela", e isto, mais do que qualquer outra coisa, valida este projeto.

A partir desse ponto o projeto desencadeava os problemas apresentados no anteprojeto e tratava de correlacioná-los tendo em vista a formulação das estratégias ideais para combatê-los. Os problemas estavam assim apontados e dessa forma argumentados.

2. PROBLEMAS

2.1 **Conscientização** *da comunidade*

2.2 **Definição** *da identidade de Canela*

2.3 **Desenvolvimento** *de uma visão holística de turismo nas lideranças da comunidade.*

2.4 **Formulação** *de uma política em relação ao macrossistema e ao sistema Canela integrado ao mesmo.*

2.5 **Implementação** *de ações e de controles integrados com vistas à obtenção de resultados.*

Existe uma lógica de inter-relação entre estes problemas.

A Conscientização (2.1), num sentido amplo, é necessária, mas ela se torna mais objetiva se desenvolvida a partir de uma Definição da Identidade (2.2), que polariza e dinamiza esta Conscientização.

O Desenvolvimento de uma visão holística de turismo nas lideranças da comuni-

dade (2.3) é importante e tem profundos reflexos na Formulação de uma política em relação ao Macrossistema (2.4).

O passo seguinte seria revelar o coração do projeto. O lugar onde se queria chegar. O destino para uma Canela próspera, forte e insuperável. O seu monstruoso potencial finalmente reconhecido e atingido. A justificativa de tudo e de todos. Aqui a palavra "divulgação" ganharia a força que merecia.

3. OBJETIVOS

3.1 Geral

Promover o envolvimento da comunidade canelense em função do grande potencial para o turismo do município e desencadear um processo de divulgação institucional da cidade, buscando integrar a imagem de Canela como sendo um pólo turístico do mais alto nível, num período de 3 anos.

3.2 Específicos

3.2.1 Conscientizar a população de Canela de que seu município apresenta inúmeros fatores, tanto potenciais como já definidos, que lhe conferem uma situação ímpar em relação a outros municípios da serra gaúcha e nacional.

3.2.2 Definir uma identidade turística para Canela, fundamentada em diferenciais identificados em sua população que se caracterizam por uma intensa valorização da qualidade de vida, da cultura e da preservação ambiental.

3.2.3 Desenvolver nas lideranças e nos formadores de opinião da comunidade, estendendo para a população inteira, uma visão holística em relação ao turismo, capaz de torná-lo independente de todos os problemas comunitários, nunca sendo abordado de forma isolada e reducionista.

3.2.4 Estabelecer uma política definida em relação à Região das Hortênsias, considerando a necessidade de uma clara distinção entre ações geradoras de benefícios comuns aos municípios que a compõem, e ações que busquem conduzir Canela a uma posição sólida e de destaque na região.

3.2.5 Desenvolver ações para a obtenção de resultados com eficiência, dentro de uma dinâmica de planejamento e implementação altamente participativa, flexível, absolutamente comunitária.

Todos os problemas são interligados e independentes. A solução de alguns é reducionista, por isso é preciso considerá-los, acima de tudo, globalmente.

O projeto extenso e detalhado organizava as idéias e procurava colocá-las dentro da ótica mais operacional possível. Muitos detalhes apontavam os caminhos para cada problema constatado. A partir desse momento, os dois núcleos de trabalho teriam de ser efetivados e a importância do projeto assimilada. Nem é preciso dizer que o papel da comunidade era mais fundamental do que qualquer outro em todo o processo. Aquilo não era senão dos e para os canelenses. Mas as resistências, em virtude da auto-estima da comunidade estar colada ao chão e de muitas coisas já terem fracassado depois de prometerem o paraíso, colocariam, inapelavelmente, a população em posição de resistência, fixando os seus pés bem atrás da linha sugerida. Não seriam poucos os opositores e muito menos difícil de encontrá-los. Estariam por todos os lados, nas ruas, nos estabelecimentos, nas suas casas, na própria prefeitura, dentro e fora de Canela.

Não existia culpa no descrédito. Existia sim, o passado forçando os ombros dos habitantes para baixo. A comunidade sustentava, talvez, o maior de todos os pesos, o do sucesso quase atingido. Estar próximo dele num instante e no seguinte tão distante como se nunca o tivessem visto.

Estava na hora de fazer com que as palavras saíssem do papel e voassem para as ruas atingindo a forma de ações. As primeiras estratégias não viam o momento de soprarem das linhas, alcançarem os seus destinos, virarem realidade e conquistarem os corações dos inúmeros, por ora, enrustidos e desconfiados canelenses.

A Fábrica de Idéias - Estratégias, Atividades e Relatórios

Antes de qualquer outra coisa, as regras do jogo precisavam ser apresentadas para a população de Canela. Os moradores teriam de conhecê-las oficialmente. Se o processo de informar a todos necessitava ser feito aos poucos, estava mais do que na hora de abrir o jogo para os canelenses, e indicar os melhores atletas para entrarem em campo.

PREFEITURA MUNICIPAL DE CANELA
Estado do Rio Grande do Sul

DECRETO MUNICIPAL Nº 594/90

"Constitui grupo para desenvolvimento do Projeto Canela/Tur."

José Vellinho Pinto, Prefeito Municipal de Canela, Estado do Rio Grande do Sul, no uso de suas atribuições legais, e

Considerando a necessidade de concepção de um planejamento de comunicação integrada fundamentada em que é somente através da detecção dos reais valores de nossa comunidade, inclusive dos que se apresentam sob forma de potencialidade, que se pode desenvolver um processo de "tornar comum" as metas propostas:

Considerando a necessidade de trabalhar os problemas de:

a) conscientização da comunidade;
b) definição da identidade turística de Canela
c) desenvolvimento de uma visão holística de turismo nas lideranças da comunidade;
d) formulação de uma política em relação ao macrossistema "Região das Hortênsias" e ao sistema Canela, integrado ao mesmo;
e) implementação de ações e de controles integrados com vistas à obtenção de resultados;

Considerando que todos os problemas são interligados e interdependentes e que os mesmos devem ser tratados globalmente;

Considerando que a macroestratégia mais adequada é a constituição de um grupo de trabalho;

Considerando as recomendações da empresa Suzana Vellinho Englert – Consultoria de Comunicação Integrada, responsável pelo projeto Canela/Tur;

DECRETA

Art. 1º. - Fica constituído, junto ao Chefe do Poder Executivo, um GT (Grupo de Trabalho) com a função específica de acompanhar o desenvolvimento, propor a realizar ações nas áreas técnicas e administrativas, tendentes à obtenção de resultados com maior eficiência e efetividade, relativamente ao projeto Canela/Tur.

Art 2º. - Passa a fazer parte integrante deste Decreto, como Anexo I, o Projeto Canela/Tur, elaborado por Suzana Vellinho Englert – Consultoria de Comunicação Integrada, o qual auxiliará as atividades do GT ora constituído.

Art 3º. - São membros do grupo de trabalho: Berenice Maria Lied Felippetti, Dirceu Luiz Schimitt, Humberto Heiderich, Marina Meines Gil, Nidia Machado Guimarães, Vera Broilo da Cruz e Vitor Hugo Travi.

Art. 4º - A coordenação dos trabalhos ficará a cargo de uma Comissão executiva, constituída por:

Berenice Maria Lied Felippetti – Secretária Municipal de Educação e Cultura, como Coordenadora Geral;
Humberto Heiderich – Secretário Municipal de Turismo;
Vera Broilo da Cruz – Assessora de Imprensa, como Secretária Executiva; e Suzana Vellinho Englert – Consultoria de Comunicação Integrada e Representações, que exercerá a assessoria à Comissão.

Parágrafo Único - A Comissão Executiva terá como membro nato e Presidente o Prefeito Municipal.
Art 4º. - É, também, parte integrante deste Decreto o memorial descritivo das funções do Grupo de Trabalho, constituindo-se em Anexo II.

Art. 5º - O Grupo de Trabalho de que se trata este Decreto deverá reunir-se semanalmente, consignando em ata as decisões tomadas.

Art. 6º - Revogadas as disposições em contrário, este Decreto entrará em vigor na data de sua publicação.
GABINETE DO PREFEITO MUNICIPAL DE CANELA, de maio de 1990.

(assinatura do prefeito)

ENGº JOSÉ VELLINHO PINTO

PREFEITO MUNICIPAL

REGISTRE-SE E PUBLIQUE-SE
SEMA, DE MAIO DE 1990

(assinatura do secretário da administração)

DIRCEU LUIZ SCHIMITT
SECRETÁRIO MUNICIPAL DA ADMINISTRAÇÃO

O decreto era o apito inicial dado pelo juiz. O time estava formado e o jogo recém começado. Mas no meio tempo destes acontecimentos os bastidores do projeto já estavam a mil. Sem falar na platéia que tomava conhecimento, concomitantemente, das regras, do jogo e para que lado torcer.

As resistências eram normais. A própria comissão elaborada pelo prefeito, por mais que tivesse tomado conhecimento das idéias e intenções do projeto, em parte dizia que os esforços não dariam em nada. Os questionamentos surgiam de tudo que é lado e de formas variadas. Não quanto à necessidade ou à idéia de botar em prática o que havia sido apresentado, mas se a Consultoria em questão deveria ser mesmo de fora da cidade. Os canelenses, como se sabe, tinham muitos motivos para desconfiar daqueles que, por ventura, aparecessem em sua terra prometendo mundos e fundos. A história tinha lhes ensinado o cuidado e a ponderação no que tangia qualquer coisa que soasse como promessa. Por esse lado, era importante que as primeiras pessoas de Canela a acreditarem no projeto fossem aquelas que trabalhariam nele por muito mais tempo do que a própria Consultoria.

Os nomeados teriam papéis fundamentais e indispensáveis nas implementações. Cada função era estratégica e a orquestra, nesse caso, tinha recebido por ordem do maestro a autonomia absoluta na hora da execução. Porém, o Grupo de Trabalho encontrava-se sem saber para que lado ir, ou exatamente o que fazer. Todos esses problemas iniciais já haviam sido previstos e todos, sem exceção, faziam parte de um processo, inicialmente, circunstancial.

As pessoas envolvidas também foram entrevistadas e devagarzinho as coisas passaram a tomar o jeito e a forma esperada para que surtissem efeito. Longas e diversas reuniões passaram a pautar as primeiras metas, sendo que a bússola de todos era o projeto Canela/Tur, que procurava dirimir a primeira sombra de uma dúvida que aparecesse.

O projeto tratava de deixar claro a necessidade da interação entre GT e Consultoria. Ela deveria ser pró-ativa em relação ao ambiente e aos seus variados públicos. Como sugestão de algumas ações iniciais, que foram levadas nas primeiras reuniões, estava a conscientização e a comunicação para todos os segmentos comunitários da nova identidade assumida por Canela. Ou seja, um turismo que preservaria o ambiente, primaria pela qualidade de vida, assim como ressaltaria as suas atividades culturais existentes e estimularia as novas que pudessem nascer. Estava sugerido que houvesse um envolvimento da classe prestadora de serviços com o Grupo de Trabalho. Repensar todo o material turístico em função da identidade adotada. Refazer toda a sinalização da cidade e do município. Coordenar a confecção de protótipos, junto a indústrias, de souvenirs que fossem adequados com a nova identidade. Estimular o setor de hotelaria e dar relevo e um novo destaque em todo o seu material promocional e a sua localização em Canela. Divulgar no espaço interior desses estabelecimentos uma visão que evidenciasse os pontos turísticos da cidade.

Todas estas idéias, na verdade, eram ações práticas e que envolviam, basicamente, todas as pessoas do GT e da Consultoria, respectivamente, em cada uma de suas áreas de atuação.

O secretário de Turismo, Humberto Heiderich, apenas para citar um exemplo, entraria em contato com os hotéis e viabilizaria o acesso para que a Consultoria chegasse a eles, organizando reuniões com os proprietários e trabalhando em prol da divulgação das casas do ramo. Outra pessoa não desempenharia esse papel melhor ou ainda, em muitos casos, sequer poderia fazê-lo por restrições legais. Mas o espírito de união é que deveria prevalecer, não bastava que as pessoas saíssem das reuniões com tarefas e fossem executá-las, elas deveriam estar interligadas pelo mesmo sentimento. Assim como em constante comunicação. Esse processo de união, que brevemente caracterizaria todos como uma grande família canelense, estava perto de funcionar por música.

Todas estas primeiras iniciativas propostas e discutidas falavam em nome do âmbito regional. Aquilo que seria facilmente percebido pela comunidade. Começar de dentro para fora era a maneira que o projeto havia sido escolhido para ser posto definitivamente em prática. Depois disso, as ações e as atividades seriam trabalhadas sucessivamente no contexto estadual, nacional e mundial.

Se os primeiros canelenses haviam sido informados e tratavam de arregaçar as mangas pela causa, havia chegado o momento do grande público receber o primeiro contato com a nova face escolhida para o seu próprio município. Isso porque as ações regionais já estavam delineadas e quanto mais cedo pudessem contar com a força dos moradores melhor.

Como o projeto não poderia funcionar sem o aspecto integrado da comunidade, sendo ela a maior interessada no resultado, alguma coisa precisava ser feita para que a população fosse devidamente informada e soubesse o que fazer. Algo que olhasse diretamente nos olhos dos canelenses e lhes dissesse face a face o que estava acontecendo. Sem meandros, receios, temores, explicando passo a passo o processo inteiro do projeto, e disposto a ouvir, responder, debater e argumentar cada item, passagem ou trecho da explanação. Seria necessário vir a público e dizer: "Olha, nós vamos fazer isso por estas e estas razões, e precisaremos de vocês em cada uma delas como peça fundamental do contingente inteiro. O trabalho será feito por nós no mais elaborado valor comunitário, para vocês e sua cidade".

Não foi preciso muito mais do que isso. Não seria possível abrir mão de esclarecer e justificar para a população de Canela a história toda de uma vez. Muita gente, a maioria constituída por vereadores e pessoas que ocupavam demais cargos do setor público, tomava conhecimento por alto do que acontecia e questionava o projeto sem parar. A estratégia então era informar os inúmeros setores da comunidade e convidá-los para uma audiência na Câmara de Vereadores, cujo presidente da época era Paulo Roberto Negrelli, com portas abertas para todos.

Numa segunda-feira à noite, a Consultoria (que nesse dia contava também com Kátia Steiner), e algumas pessoas do GT, ocupou as tribunas da "casa", munida de um projetor de slides, informativos e um quadro, para receber os convidados numa plenária lotada, com aproximadamente 80, 90 pessoas. Por praticamente toda noite foram explicados passo a passo todos os pontos do projeto. Uma verdadeira maratona, com argumentações detalhadas e esmiuçadas. Estratégia por estratégia. Sempre trocando idéias e procurando manter os objetivos.

A cada explanação sobre determinado item, trecho, tática e conceitos adotados, saía do meio do público uma mão erguida e uma pergunta, num ritmo incrível. Mal era respondida a pergunta e logo adiante nascia outra ainda mais extensa. Mas, à medida que o projeto andava no sentido de ser apresentado, as contrariedades iam se dissipando mais rápido do que a fumaça da locomotiva trazida por João Corrêa nos tempos áureos. Cada resposta parecia conquistar um novo aliado. Os ocupantes da Câmara, pessoas ligadas a importantes setores da comunidade, vereadores, políticos, assim como alguns moradores que por lá estiveram, entenderam que existia a necessidade da contratação de uma empresa de consultoria em comunicação e marketing. E que o fato dela ser de uma outra cidade nada tinha a ver ou implicar com o espírito e a vontade que seriam despendidos para o trabalho. A partir disso, o saldo não foi outro, depois de olhos e ouvidos atentos durante as explicações, além de um silêncio angustiante nos instantes finais, senão aquele de uma doação importantíssima e irrestrita de credibilidade à equipe toda. As pessoas haviam assimilado que elas é que eram as grandes protagonistas do projeto e solicitaram formas para uma participação efetiva e também que fossem informadas de cada atividade executada. No final da apresentação, o respaldo veio por meio de uma efusiva e interminável chuva de palmas. O maior incentivo estava dado e ele mesmo serviria de combustível para inflamar os primeiros passos rumo à prática tão esperada.

Não faltava mais nada. Então vejamos algumas das estratégias do setor comunitário que foram aplicadas em instituições e lugares públicos.

Rede Hoteleira

A implementação inicial em âmbito regional, fora algumas táticas mais personalizadas, significava cuidar de todos os pontos turísticos, rede gastronômica e rede hoteleira. Era necessário criar e alargar o envolvimento com a hotelaria de Canela, convocando os gerentes ou proprietários de hotéis, para lhes dizer que a comunidade estava sendo preparada para o recebimento de um novo fluxo turístico. À medida que estas pessoas davam apoio ou faziam questionamentos ou críticas, eram abertas para o GT novas atitudes, que significavam, entre muitas medidas adotadas, treinar o pessoal especializado mostrando-lhes a importância da interface de cada um deles no processo inteiro, enaltecendo os posicionamentos individuais. De hotel para hotel, e na época representativamente existiam apenas quatro, entre eles o Laje de Pedra e o Grande Hotel, o gerente e o proprietário eram procurados, informados e entrevistados. Depois, os escalões iam sendo visitados de cima para baixo, recebendo as instruções necessárias. A primeira medida estratégica, a mais vital e por onde a história começava, era a consciência. Plantar emocionalmente as razões e o valor daquilo estar sendo empregado. Mais tarde os funcionários, camareiras, garçons, recepcionistas, cozinheiros, transportadores de bagagem, guardadores de carros, receberiam aulas de treinamento para atenderem os novos turistas que chegariam à cidade. Estes turistas seriam diferentes e conseqüentemente mais exigentes do que aqueles que os estabelecimentos estavam acostumados a receber. Isso precisava ser assimilado ao extremo. Não que o trabalho realizado pelos funcionários deixasse a desejar, mas é que eram voltados para um público interno, muitas vezes para pessoas conhecidas cujo tratamento era feito de maneira bem informal. Não existia uma preocupação necessária com pequenas atenções que se tornavam gigantes para um turista de fora que estivesse pagando para ser bem atendido.

Outra tarefa importante era estipular um material promocional para ser distribuído entre os hóspedes, comércio da cidade e agências de turismo. Nele deveria constar, entre outras regras importantes, obrigatoriamente, a localização de Canela na serra gaúcha. Mais tarde, novas idéias surgiriam para incrementar os serviços de hospedagem do município.

Rede Gastronômica

A rede gastronômica apresentava o mesmo problema. Não existia uma infra-estrutura preparada para receber pessoas em grande número e dispostas a encontrar coisas diferentes ou típicas da região. Os restaurantes abrigavam uma clientela local, constituída por trabalhadores do comércio, operários e público em geral. Nada que chamasse a atenção ou estivesse dentro dos padrões nacionais e quiçá internacionais do turismo. As casas do ramo estavam construídas para a subsistência da cidade e não ofereciam chamarizes para o turista, muito menos estrutura e treinamento para isso. A partir dessa constatação, a estratégia adotada para a rede hoteleira foi implantada para a rede gastronômica, mudando e adequando uma que outra tática relacionada. O incentivo à divulgação e publicidade dos estabelecimentos, treinamento de funcionários e adoção de culinárias específicas foram algumas das sugestões dadas, juntamente da velha e crucial semente da consciência e sua importância nos fatos e resultados.

Pontos Turísticos

Aqui existia uma necessidade de que as estratégias de marketing estivessem aliadas ao alicerce da preservação ambiental e qualidade de vida. Para tanto, o papel do biólogo Vitor Hugo Travi, na condição de membro do GT, foi preponderante nas implementações e seus respectivos sucessos, preservando a estrutura e riqueza das locações. Com análises que compreendiam os riscos ao ecossistema ou os melhores lugares e mais adequados ao emprego das modificações, procurou-se reformular a entrada da cidade, com adereços e ornamentos que chamassem a atenção dos turistas. A região foi destacada com o plantio de mudas de hortênsias ao longo da estrada do Caracol. Um símbolo na entrada da cidade, que ligava Gramado a Canela, precisava ser construído com a idéia de embelezar e identificar o município.

Mais do que isso tudo, era preciso fazer com que o turista conhecesse as riquezas naturais de Canela. O próprio canelense, apesar de, na sua grande maioria, ser sabedor e conhecedor dos principais pontos turísticos da cidade, enfrentava inúmeras dificuldades para visitá-los. Dificuldades geográficas. O acesso à árvore centenária não existia. Quem quisesse vê-la tinha de embrenhar-se mato adentro por quase cem metros, partindo da estrada do Caracol. Não havia uma placa sequer que explicasse que ali estava uma potencialidade natural das mais ricas. O Caracol nessa época estava recém gestando a idéia de um dia virar parque, numa iniciativa pioneira proposta pelo próprio Vitor Hugo à prefeitura, mas o lugar ainda não oferecia uma infraestrutura para receber turistas. O mesmo se podia dizer de outros pontos turísticos, que se apresentavam, aos olhos de quem quisesse ver, no seu estado primário como tinham vindo ao mundo. Escondidos para a futura exploração benéfica de suas belezas. Os lugares eram lindos, mas pouca gente os conhecia ou tinha ouvido falar deles. Divulgá-los também era fundamental. Uma "folheteria" de Canela seria preparada, com catálogos diversos que ressaltassem a beleza do município, apontando ponto turístico por ponto turístico, relacionando a história e as informações de cada um com a sua imagem de forma nunca antes apresentada.

Ao longo do processo de implementação seriam buscadas as melhorias de infra-estrutura para os locais, fossem pessoais ou físicas.

Os pontos foram anotados e executados pelo GT e a Consultoria e depois lavrados em ata e descritos também em relatório. Assim se estabelecia a mecânica do projeto. As funções partiam das reuniões e das linhas do Canela/Tur. Estavam dispostas para serem efetivadas em curto, médio e longo prazo. O curto prazo compreendia as ações regionais. E como estamos falando dos pontos turísticos dentro dessa etapa, vamos dar uma olhada na seqüência das suas devidas e bem-sucedidas táticas.

A idéia inicial era verificar tudo o que a prefeitura municipal direta ou indiretamente tinha de realizar e que fosse ligado à comunicação.

Assim foi estabelecida como prioridade a confecção de um símbolo para a cidade. Em razão da escassez de verbas, praticamente todas as estratégias foram implementadas graças à criatividade das pessoas envolvidas, adaptando dessa forma as normais e demais atitudes e técnicas que implicassem grandes gastos para o poder público.

A partir daí, uma série de outras funções foi programada. Promover encontros sistematizados entre lideranças comunitárias para que a informação do projeto fosse repassada à população, organizar um calendário anual e oficial dos principais eventos da cidade, criação do símbolo, ou seja, uma logotipia e seus desdobramentos. Continuar estimulando a rede hoteleira e gastronômica, promovendo e organizando em seu material conjunto a divulgação de Canela. Estimular em vários pontos públicos e nos meios de comunicação a nova identidade do município, acompanhando, avaliando e arquivando todo o material publicado na imprensa. Acompanhar e participar da aplicação de uma cartilha de turismo em todas as escolas de Canela.

As ações eram discutidas, formalizadas, encaminhadas e executadas. A máquina do projeto girava as suas engrenagens nessa ordem. Mas aqui nós entraremos no terreno do envolvimento comunitário, da emoção, do sentimento de todas as realizações concretas, substanciais, que por sua vez retratam um sucesso inquestionável.

A compreensão dos fatos não pode acontecer meramente pela citação e orquestração das atividades, dos projetos específicos que seriam criados para atender a determinadas situações, ou simplesmente na aparente frieza de algumas aplicações. Talvez nada disso, nada mesmo, apesar da grande capacidade dos profissionais, do projeto elaborado e suas derivações, tivesse surtido efeito se não fosse encontrado no seio da comunidade canelense e da sua representatividade governamental o apoio, o empenho e a carga emocional atribuídos à vontade de se atingir as metas propostas. Mais do que simplesmente botar em prática as idéias, pode-se dizer que elas são ainda antes o fruto do caráter e do brilhantismo das pessoas envolvidas diretamente na sua construção. E também daquelas que indiretamente as tornaram realidade por força dos braços de uma população inteira. Para que possa ser compreendido o processo de criação das idéias, é vital conhecer antes um pouco da história de quem as criou.

Sendo assim, a logotipia, o símbolo da cidade, o Parque do Caracol, apenas para citar alguns exemplos, são episódios totalmente à parte. A carta para os hotéis, a criação da bala de canela, os empreendimentos como a construção do centro de feiras, o aprimoramento dos eventos já existentes, o surgimento de outros, como o Fórum Estadual Infanto-Juvenil, o Encontro dos Presidentes do Mercosul, a Mostra do Jovem Escritor Canelense, a instalação do Governo Mirim e tantas outras atividades, onde algumas mais para frente merecerão registros em separado. A história é rica e poderosa, mas é mais bem narrada e conseqüentemente ilustrada e conhecida na história particular de seus protagonistas.

Os fatos baseados nos depoimentos dão os valores reais, justos e necessários aos acontecimentos referentes a cada etapa ou processo. Por isso, o Grupo de Trabalho será separado para que, na ótica adequada, as experiências possam ser vivenciadas pelo leitor, junto da amplidão correta e mais próxima da realidade.

Para começar a história das pessoas que compunham o GT, é preciso situar alguns acontecimentos. A secretária de Educação e Cultura do município, Berenice Maria Lied Felippetti, exercia a coordenadoria geral e uma participação ativa em comunicação direta com o presidente da comissão, José Vellinho Pinto, prefeito de Canela. Da mesma forma que Berenice se dedicava em esclarecer os fatos para o prefeito, conforme as coisas aconteciam, ela os fazia para dar vida e forma às iniciativas, idéias, metas, estratégias e atividades do Canela/Tur.

Na verdade, o pilar da máquina funcional do projeto, por parte do GT, era formado por Berenice Felippetti, Vera Broilo, Vitor Hugo, Nídia Guimarães e Margarida Weber.

Margarida Weber herdara a Secretaria de Turismo do município, anteriormente ocupada por Humberto Heiderich, ainda durante os primeiros meses de vida do projeto. Heiderich havia se desligado do cargo por motivos pessoais. Margarida Weber não só teria a responsabilidade de lidar com uma área fundamental e crucial para que tudo desse certo, como trataria de fazê-lo com a máxima dedicação e competência.

A Consultoria também não mais contava com o nome de Antônio Azevedo, que cumprindo de forma importante o seu papel afastava-se do cenário por razões meramente profissionais, dedicando-se a outros trabalhos.

Não que estas pessoas, que formavam o epicentro do então Canela/Tur (que mais tarde receberia a nominação definitiva de Canela 2000, por razões de direitos legais, que sequer foram questionados, pois um novo e mais bem encaixado nome para o projeto havia surgido), fossem mais ou menos importantes do que as demais, cada uma era vital em sua função predeterminada, mas seguramente estas cinco pessoas eram aquelas que estavam mais envolvidas e participando de cada passo dado em direção à implementação das estratégias.

Mais do que importante, pode-se dizer que foi crucial para o sucesso de Canela o caráter de amizade e envolvimento que nasceu naturalmente entre estes profissionais competentes. O grau de entendimento, assim como a confiança, resultou na mecânica inicialmente desejada pela Consultoria, que julgava o espírito de união de grupo indispensável para dar seqüência e plantar o projeto no coração de todos. Aqui ficará clara a vontade de que as coisas dessem certas, por parte do GT inteiro, apesar das dificuldades ao longo da caminhada. Será compreendido pelo leitor, em associação direta com os vértices representados, *qualidade de vida, valor cultural, teatro e preservação ambiental*, a saída rumo ao potencial turístico de Canela.

Berenice Maria Lied Felippetti

Berenice exercia a coordenação do GT, mas ocupara esse cargo, inicialmente, com descrédito e sem enxergar a sua real dimensão e importância. Ela acreditava, mesmo nas primeiras reuniões, que o projeto se tratava exclusivamente de turismo, e por conseqüência imaginava que a sua Secretaria teria apenas uma participação secundária no projeto. Para falar com mais precisão, na divulgação do Festival de Teatro, que cabia a sua pasta realizar integralmente. Berenice Felippetti por muito pouco não recusou o cargo e aconselhou o prefeito José Vellinho Pinto a dá-lo ao secretário de Turismo da época. Para dizer a verdade, Berenice chegou a mencionar ou mesmo sugerir a idéia, mas não o fez com a intensidade que imaginava. A sua participação, mesmo sem o comprometimento com o projeto, o qual seria dado logo adiante, já era imenso dentro da sua área. Sem que soubesse, Berenice estava realizando um trabalho que compreendia boa parte das diretrizes propostas no Canela 2000, principalmente no que dizia respeito ao pensamento e caracterização de uma nova identidade para o município. Prova disso era a idéia que lhe havia sido apresentada, assim como para boa parte do secretariado, incluindo também o prefeito, por um jornalista, que sugerira a criação de um passaporte para os pontos turísticos da cidade. E que, de certo modo, serviria para a criação de uma cartilha de turismo a ser implantada nas escolas. Essa idéia nada mais era na ocasião do que a menina dos olhos de Berenice.

Por outro lado, o pensamento de divulgar e projetar Canela por intermédio da própria comunidade já havia sido assimilado através dos anseios do prefeito, nas primeiras reuniões entre ele e os seus respectivos secretários.

O prefeito montou uma equipe de trabalho em que nós tínhamos reuniões semanais e nessas reuniões ele ouvia muito todos os envolvidos. O prefeito procurou convidar pessoas que tinham experiência direta nas suas áreas de atuação para compor o secretariado. Ele tinha uma visão muito boa de comunidade, mas não possuía, logicamente, a especificidade das áreas envolvidas. Nas reuniões, onde cada um apresentava suas respectivas propostas dentro de cada área, ele passava a indagar se realmente era aquilo que a comunidade estava querendo, e em seguida comentava a respeito de que como isso poderia ser feito. Havia a convicção de que a comunidade pensava exatamente como nós pensávamos. Ele lançava isso como um desafio. Uma superação. E uma das propostas que apareceram foi a do passaporte das hortênsias, para que trabalhássemos a região das hortênsias mutuamente. Na ocasião, a proposta nos foi trazida por um jornalista de turismo. Na época eu não pude acompanhar o processo como gostaria, ou mesmo as metas e os meios para realizá-las. Mas, objetivamente, o projeto daria acesso aos pontos turísticos e aos parques. Nesse exato momento nasceu a idéia da educação para o turismo. Não demorou muito e pensamos em fazer uma cartilha de turismo. No entanto era algo que não tinha uma diretriz. Não possuía suas formas de implementação ainda definidas. Nós queríamos apenas trabalhar mais o potencial turístico da cidade, dentro do contexto da região das hortênsias, para que nos fosse aberto um espaço maior na mídia. Era um produto casado com as cidades da região. Logo depois começou a se trabalhar nesse sentido, verticalizando os pensamentos.

Berenice sempre teve a confiança de José Vellinho Pinto. Ele não hesitou em convidá-la para o cargo de coordenadora do GT, da mesma forma que procurava deixar claro, ainda quando a idéia de formar o grupo não aparecera, a necessidade de se trazer alguém de fora para lidar com os problemas de Canela.

O prefeito sempre insistia muito na necessidade de se contratar alguém especializado para lidar com a imagem da cidade. Ele explicou que havia contatado uma pessoa que lhe parecera muito competente, desde a primeira reunião, delineando as bases de discussão e o apontamento de uma série de propostas. Mas num primeiro momento eu não me senti comprometida, porque imaginava aquilo como sendo exclusivamente uma proposta de turismo.

Até a primeira reunião em que a Suzana foi apresentada, onde estavam presentes todos os secretários, a minha impressão inicial terminou por não me tocar intimamente. Porém, no passo seguinte que constituía a apresentação da proposta de trabalho, acabei sendo trazida para dentro do grupo. Ainda com uma surpresa muito grande, foi um susto.

Lá pelo segundo ou terceiro relatório mensal, que eu precisava assinar para ter o cumprimento das etapas, é que comecei a me apaixonar pela idéia e a me comprometer inevitavelmente. Nós já estávamos trabalhando há um ano com a Nídia Guimarães, viúva do escritor Josué Guimarães. E uma das primeiras pessoas que a Nídia trouxe para cá foi o professor José Joaquim Felizardo, um historiador que havia sido secretário de Cultura em Porto Alegre. Um dos primeiros parceiros nossos nos eventos culturais. Uma pessoa com uma sensibilidade incrível. A partir daí começou a se pensar na criação duma fundação cultural. Ele disse algo do qual jamais vou esquecer: "Vocês estão fazendo muita coisa boa, mas vocês precisam fazer bater o tambor em Porto Alegre, porque se não bater o tambor lá, os índios das outras aldeias não vão levantar a cabeça". Ou seja, não bastava que ficássemos com nossos eventos só projetados em Canela, pois não daria credibilidade nem mesmo para a nossa própria população. Até aí eu achava que o meu comprometimento com o projeto da Suzana, ainda com o nome de Canela/ Tur, seria só em função do Festival de Teatro. Mas a figura havia mudado para mim. De uma hora para outra, eu passara a entender a importância de fazer com que os eventos de educação e de cultura tivessem credibilidade para serem aceitos lá fora. Os eventos tinham também por objetivo gerar notícia. Durante esse momento se falava muito na cartilha do turismo, e pelo levantamento da Suzana, nos relatórios, não se podia desenvolver o turismo só em cima da paisagem, das belezas naturais, porque na verdade essa vocação de turismo poderia ser encontrada na vida dos canelenses. Era necessário que os eventos não só fossem programados para a comunidade, mas que também pudessem ser renovados e que tivessem a capacidade de atrair um público novo. Que tivessem a ver com a vida real da população, e que, além da paisagem natural, nós tivéssemos os nossos eventos naturais. Um produto concreto para se vender. Acho que foi esse o momento em que eu comecei a entender a proposta do trabalho, isso já deveria ser início de 1990.

Depois disso, Berenice não arredou mais o pé da coordenadoria do projeto e passou a acumular tarefas e mais tarefas para si mesma. Assim que Berenice Felippetti tomava par de uma situação, ela tratava logo de indicar um caminho ou apresentar uma idéia. Essa sistemática facilitava as coisas, e muito, para todos. Uma idéia que era imediatamente alimentada através de um incremento aqui e outro ali por parte dos demais envolvidos juntamente com a Consultoria, principalmente Margarida, Vera, Nídia e Vitor Hugo.

A sincronia entre estas pessoas era completa e Berenice participou qualitativamente e quantitativamente de toda a história. Sua participação nos eventos criados foi gigantesca. Muitas idéias nasceram e ganharam as ruas de Canela, envolvendo a população e rumando definitivamente para as metas sonhadas, por intermédio de Berenice Felippetti. A história desse projeto passou por suas mãos sem faltar efetivamente em só um instante, tampouco no reconhecimento do sucesso alcançado e coroado que aqui será descrito mais adiante.

Nídia Guimarães

Nídia Guimarães é uma pessoa cujo somente o coração não caberia nestas páginas. Esposa e companheira de um dos maiores escritores desse país, Josué Guimarães, a quem amou incomensuravelmente, estando ao seu lado em todos os momentos por 30 anos de sua vida, até sua morte em 1986. Nídia é bem mais do que qualquer coisa que aqui se possa dizer a seu respeito. Mas o mínimo dará ao leitor a dimensão e a importância da sua inestimável contribuição ao projeto. Seja pelo carinho por Canela, a sabedoria e determinação que serviram de incentivo e lição para o Grupo de Trabalho, ou ainda todos os esforços e a luta que sorveram a sua atenção para arraigar e fortalecer a cultura na alma dos canelenses. Não se pode falar em cultura na cidade de Canela sem mencionar Nídia Guimarães. Não existiu ninguém mais dedicado, mais ardoroso no processo e na paixão de alimentar um povo com a sua identidade cultural. O trabalho de Nídia vai muito além daquele imaginado e executado pelo Projeto Canela 2000. Nasce antes, com alma própria e eterna. Nídia fez e continua fazendo aquilo que poucas pessoas se habilitaram ou tiveram a coragem de realizar um dia. Uma dedicação comovedora e admirável. Canela sabe disso e guardará Nídia Guimarães para sempre em seu coração. Aqui veremos um pedacinho da sua enorme capacidade de enriquecer uma comunidade com um bem supremo, sem preço e indispensável para o crescimento coletivo e pessoal de muitos. À medida que botarmos os olhos em algumas das suas idéias e iniciativas, que foram trabalhadas, alimentadas e usufruídas pelo projeto, entenderemos que Canela também é especial por ter Nídia em seus braços.

Nós precisávamos levantar a auto-estima dos canelenses. Nesse processo muita coisa foi pensada, mas uma delas, especialmente, serviria muito bem ao propósito, transformando-se na coluna vertebral de toda a trajetória: o teatro amador. A cultura em Canela estava muito ligada ao teatro e a partir dele muito foi feito para a cidade. Nós realizamos muitas atividades. Uma das primeiras, que teve um resultado maravilhoso, foi a exposição que aconteceu por conta de diversos grupos de artistas. Nós havíamos convidado artistas de renome para virem até Canela e retratarem as suas belezas e, então, mais tarde procurar expô-las à comunidade. A partir daí, foi encadeando-se uma série de outras idéias e projetos. Vieram para cá escritores, diversos desenhistas, animadores, fotógrafos, sempre marcando estas presenças ilustres com um evento específico. Muitos amigos participaram destas iniciativas. Fernando Sabino, Tiago de Mello, Otto

Lara Rezende e o Gian Calvi que trouxe vídeos, livros e painéis. Trouxemos também a Lia Luft para falar para as crianças. Nesse momento nós estávamos ganhando páginas nos jornais, capas na Zero Hora. Havia muito empenho por parte de todos. Isso tudo também ajudava a fortalecer a Fundação Cultural, uma outra luta constante e necessária.

Antigamente existia uma Fundação Turística, que já estava legalizada com inscrição junto aos órgãos competentes. Então nós nos aproveitamos do fato para instituir a nossa fundação. Acabei sendo a 1ª presidente, atraindo para lá a comunidade de Canela. Fizemos parcerias, dentre elas com o Guion em Porto Alegre, para chegarmos ao Guion Canela, conquistando um bom espaço, municiado por um belíssimo acervo. O desenvolvimento cultural de Canela começava a acontecer de fato.

Nídia realizou bem mais do que isso, e foi presença firme e iluminadora nas reuniões e no fomento de idéias e sugestões para várias iniciativas. Ela já havia feito muito, plantando definitivamente a semente da cultura em Canela, procurando adubá-la incansavelmente e enriquecendo o projeto sobremaneira, lhe dando um brilho todo especial. Além de ter generosamente cedido ao GT a honra de sua presença.

Vitor Hugo Travi

A história de Vitor Hugo Travi daria um livro à parte. Mas basta nos fixarmos em parte dela para compreendermos o seu imprescindível e inestimável papel dentro do GT. Vitor Hugo, formado e com pós-graduação em biologia, nascido em Canela, retornara para a sua cidade natal um pouco antes do início do projeto. Filho de um ex-madeireiro, cuja profissão lhe havia sido arrancada do peito com o final do ciclo da madeira, Vitor Hugo, literalmente, resolve reencontrar suas raízes, numa espécie de chamado do inconsciente. Uma conclamação, melhor dizendo. Profundo conhecedor da região e de suas inúmeras belezas naturais, Vitor Hugo volta para morar em Canela. Logo adiante colocaria em prática a pioneira idéia de fazer passeios ecológicos, conduzindo uma porção de turistas pelos lugares mais belos da região. Uma iniciativa que não possuía nenhuma infraestrutura ou divulgação. Um trabalho inicialmente solitário e que mudaria de figura assim que Vitor Hugo fosse apresentado ao prefeito José Vellinho Pinto. Dali nasceria um fantástico projeto ambiental para o município, que contaria com o apoio e terminaria por ajudar no sucesso das metas do

Canela 2000. Vitor Hugo também contribuiria com a sua brilhante visão na formulação e orientação das atividades que estivessem ligadas ao meio ambiente e à qualidade de vida do canelense, assim como na dos futuros e numerosos turistas.

Quando retornei para Canela para morar, procurei botar em prática uma velha idéia que martelava a minha cabeça: a tentativa de fazer passeios ecológicos na região. Eu tenho até hoje o primeiro cartaz que procurava vender esse pensamento, contemplando idas aos Aparados da Serra e ao Caracol. Uma iniciativa totalmente pioneira. Como não poderia ser diferente, tudo era feito com extrema dificuldade porque era algo incipiente. As pessoas me perguntavam o que aquilo tudo queria dizer. A minha resposta é que eu levaria as pessoas por inúmeros caminhos, ajudando-as na interpretação das paisagens. Realmente não existia nada disso ainda. Eu devo ter feito uma meia dúzia de passeios, na maioria das vezes com famílias inteiras. Na época eu já tinha a minha empresa, que é a empresa que atualmente gerencia o projeto Lobo Guará. Através dela eu comecei uma verdadeira jornada que custou muito a deslanchar. Foi então que um amigo tratou de me apresentar ao prefeito José Vellinho Pinto.

Um belo dia, em uma das nossas caminhadas, eu e minha esposa nos deparamos com uma velha cabana abandonada no coração do Caracol, uma construção que na ocasião tinha os Nunes como seus legítimos donos e que no passado havia pertencido aos Wasem. A partir daí tratei de pedir a chave emprestada ao administrador. Ele me deixou entrar e lá dentro não existia nada além de um depósito de material inservível da prefeitura. Enormes pilhas de tábuas que estavam mofando. O passo seguinte foi pedir uma audiência com o prefeito. Não demorou muito e ela me foi concedida. Dessa forma sentei na frente dele e procurei revelar para quem quisesse ver o meu espanto e ao mesmo tempo o deslumbramento que tive com aquilo tudo. Procurei explicar-lhe que o lugar se encaixava como uma luva para se fazer um programa de educação ambiental. As idéias corriam soltas e encaixavam-se umas às outras na minha cabeça. Na verdade, o embrião de tudo já havia me ocorrido, mas agora aliado ao Caracol, parecia mais do que perfeito. Ele gostou das minhas palavras e pediu que eu fizesse um projeto e lhe apresentasse depois. Fui para casa e, juntamente da minha esposa daquela época, montamos aquilo que viria a ser o Lobo Guará. Levei para ele o projeto inteiro, uns 15 dias depois da nossa conversa. Analisando o conteúdo do projeto ele procurou saber qual seria a melhor forma de viabilizá-lo. Apresentei-lhe as estratégias e o prefeito José Vellinho Pinto me deu carta branca para levar a iniciativa adiante. Existia um pensamento comum em fazer as coisas acontecerem para Canela.

Vitor Hugo estava dando um gigantesco e importante passo para organizar o potencial da região. Uma iniciativa que transformaria o Caracol num parque turístico maravilhoso. Uma peça fundamental para atrair turistas e mais turistas para Canela, ao mesmo tempo em que ressaltaria a qualidade de vida do município e preservaria as suas reservas naturais. Vitor Hugo estava educando e conscientizando a todos para a importância da preservação do ecossistema existente, inclusive ensinando os próprios canelenses a lidar com ele. Tratava-se de um projeto com muitas frentes. De uma só vez, muitos benefícios seriam trazidos para a cidade. Essa idéia nascera quase ao mesmo tempo em que as coisas aconteciam para o projeto e suas implementações. A troca de idéias e de informações seria levada adiante numa força conjunta, assim como as iniciativas para outros lugares belíssimos da região.

Nós nos reunimos várias vezes dentro do Grupo de Trabalho. Inúmeras reuniões. Discutíamos muito, no melhor sentido da palavra. Trocávamos muitas idéias. Antes eu falava sozinho, pois não existia nem mesmo o ecoturismo. Eram passeios ecológicos naquela época, então de repente as coisas começaram a acontecer. Houve um crescimento inacreditável, a mídia começou a nos divulgar. Começou-se a falar cada vez mais nisso em Canela e no passo seguinte surgiram as agências de turismo. Os canelenses começaram a se preocupar muito mais com seus jardins do que antes, com a natureza de uma maneira geral. Ela passou a ser ainda mais assimilada pela população. Nesse meio tempo houve o surgimento do aterro sanitário que não existia. O nascimento da usina de reciclagem e o tratamento de esgoto. Iniciativas importantíssimas para o meio ambiente e preservação das riquezas naturais da cidade.

Sempre emprestando os seus conhecimentos técnicos e os melhores meios de realizá-los, Vitor Hugo surgia incansável no auxílio incomensurável dado ao GT e no avanço das condições ideais para trabalhar um dos poderosos vértices do potencial de Canela. Ao longo dos anos os efeitos positivos seriam incalculáveis. Vitor Hugo foi e é um dos grandes responsáveis na transformação do projeto de um sonho para Canela na mais pura realidade.

Vera Broilo

Vera Broilo começou a trabalhar na prefeitura de Canela como assessora de imprensa praticamente um ano antes do início do projeto ser apresentado pela administração pública, na condição de secretária executiva da comissão executiva. Vera tinha como uma de suas atribuições agilizar o processo inteiro, ou seja, após as reuniões, realizadas periodicamente com a Consultoria, ela dava andamento às atividades definidas pela comissão e pela Consultoria. Todas as decisões eram estabelecidas pelo grupo. Mas antes de falarmos mais detalhadamente das atividades executadas por Vera e as suas interferências dentro do projeto, precisamos registrar a sua importância dentro do contexto emocional.

Vera foi responsável por muita coisa, aplicando muita determinação, uma garra inabalável e um envolvimento pessoal de extrema relevância em tudo que realizava. Não é possível dar prosseguimento as suas tarefas sem antes deixar algumas palavras que servirão ou deverão ser encaradas numa contextualidade de agradecimento. Cada pessoa do GT e diretamente envolvida com o projeto tinha a sua importância-chave, o seu caráter perfeitamente bem encaixado com as propostas e uma emoção indiscutível. Vera não seria diferente, e se dedicaria a cada ação com um carinho invejável. Se não fosse ela a pessoa à frente de muitas das iniciativas, talvez elas não tivessem acontecido ou atingido o sucesso que conquistaram.

Na condição de assessora de imprensa, o seu papel seria preponderante em muitos aspectos do Canela 2000. A divulgação e a luta para tornar Canela conhecida no cenário nacional e internacional são obras do trabalho de Vera Broilo.

Tínhamos autonomia para trabalhar, seguindo o caminho apontado pela Consultoria. Houve momentos em que os prazos estipulados no cronograma não foram cumpridos por razões financeiras, mas acredito que nenhuma atividade imprescindível para se atingir os objetivos propostos no projeto não tenha sido executada. Acredito também que o sucesso do projeto se deve a três fatores que considero de igual importância: a potencialidade latente na cidade e cidadãos de Canela; a integração, interesse do grupo envolvido no projeto em despertar e mostrar este potencial; e o profissionalismo com que o projeto foi conduzido. É mais ou menos como dizer: aconteceu a coisa certa no lugar e momento certos.

Vera também participava efetivamente das reuniões e tratava de organizá-las e orientar as deliberações de acordo com o cronograma estipulado.

As reuniões eram sistemáticas, tanto em Canela como em Porto Alegre. A Consultoria se reunia muitas vezes com todo o grupo, outras vezes somente comigo e com a presidente e, em outras, com os demais membros, separadamente, tudo pautado pela necessidade e direcionamento das ações a serem desenvolvidas. Somente após reuniões e estudo de viabilidade das ações com as pessoas diretamente envolvidas no tema é que o assunto era levado ao grande grupo para a deliberação final.

Assim como era fortalecida a relação de amizade e também profissional entre Vera, Margarida e os demais, que por sua vez tinham o contato mais permanente com tudo aquilo que era feito, ficava mais claro e definido o papel de cada um dos membros do GT dentro do planejamento. Vera já conseguia dimensionar a responsabilidade que tinha nas mãos. A sua parte era fundamental para vencer os obstáculos. Aqui também entenderemos melhor a sua participação nas atividades e estratégias.

Durante todo o desenvolvimento do projeto o trabalho da assessoria de imprensa foi fundamental. Primeiro, na divulgação para a comunidade, do que estávamos fazendo e onde pretendíamos chegar; depois, também na imprensa do Estado de cada ação, como o Fórum Infanto-Juvenil, por exemplo. E, à medida que os fatos repercutiam na grande imprensa, ecoavam também na comunidade. É como se, mesmo já tendo conhecimento do que estava acontecendo ou iria acontecer, a comunidade precisasse que a notícia ecoasse fora para acreditar nas potencialidades da cidade e de seus moradores. A questão era de auto-estima da comunidade que, até então, não havia encontrado o seu próprio caminho, embora suas características como estrutura hoteleira, geografia, clima, localização e criatividade de seus habitantes apontassem para uma só escolha, a do turismo.

Vera é um exemplo de perseverança e de sempre acreditar ser possível realizar um sonho. Os resultados alcançados com o seu incansável esforço, principalmente aqueles diretamente relacionados ao alcance do nome da cidade, os meios de fazê-los e a sua importância ficam melhor em suas palavras do que qualquer outra forma escolhida para relatá-los.

Como assessora de imprensa, transformava cada fato numa notícia, procurando, assim, despertar os profissionais da imprensa para o que estava acontecendo na cidade. A dimensão que os resultados deste trabalho estavam alcançando ficava cada vez mais evidente à medida que o projeto avançava. Adotamos como princípio levar as informações pessoalmente nos principais veículos de comunicação do Estado, jornais, sucursais da imprensa do centro do país, emissoras de rádio e televisão, o que era feito mensalmente ou, no máximo, a cada 45 dias. Era uma verdadeira "via-sacra" em Porto Alegre,

Novo Hamburgo e Caxias do Sul. No início, como Canela "não era conhecida", eu tinha que apresentar a cidade, além de me apresentar e passar as informações sobre os eventos. Depois, com a rotina de visitas estabelecida, isto já não era mais necessário. O vínculo com a imprensa foi se tornando maior e ficou fortalecido: nos eventos tínhamos sempre cobertura e contávamos com a presença de praticamente todos os veículos. E a partir daí Canela passou a ser notícia constante. Sinto-me gratificada por ter feito este trabalho e participado de um processo que ajudou Canela, minha cidade, a encontrar seu rumo. É apenas o resultado de um trabalho sério de uma comunidade que queria encontrar seu caminho. E encontrou!

Vera Broilo venceu. Ajudou a sua cidade a fazer o mesmo, e jamais será esquecida por isso. A gratidão pelo seu trabalho não possui dimensão, exatamente como a sua dedicação e o seu magnífico profissionalismo.

Margarida Weber

Margarida Weber assumiu a Secretaria de Turismo que, conforme o projeto avançava, ganhava uma importância cada vez maior. A identidade de Canela estava sendo assimilada e com isso o potencial turístico crescia, voltando as iniciativas em grande parte para a pasta de Margarida Weber. O papel de Margarida era fundamental, criando e sugerindo não só novas idéias como fazendo tudo que estivesse ao seu alcance para botá-las em prática. Tudo era alicerçado e respaldado pela força de transpor os obstáculos, muitas vezes dentro da contingência política das situações. Margarida era uma entusiasta de cada uma das atividades desenvolvidas. E não foram poucas as que enriqueceram as ações.

Várias ações da Secretaria de Turismo foram alavancadas pelo projeto e vice-versa. As coisas começaram a acontecer. Ou seja, dinamizar o trabalho, colocar o trabalho em prática mesmo. Acho que um dos grandes acertos também foi a história da bala de canela. Isso marcou definitivamente Canela como alguma coisa que tivesse um diferencial. Um gosto especial, um sabor especial. A Secretaria de Turismo trabalhou muito em cima disso, em parceria com os hotéis, restaurantes e lojas. A bala de Canela passou a ser amplamente conhecida e para as pessoas isso também passou a ser uma coisa muito importante. Talvez não de forma altamente consciente, mas que estivesse ali uma coisa maior, como um trabalho interno, que somado às outras ações terminava por projetar Canela. Acho que fortalecemos também outras áreas com a divulgação do nome de

Canela, vinculando sempre a idéia que o prefeito tinha de que Canela fosse realmente diferente em função da ecologia, educação, cultura e da qualidade de vida.

Aí então surgiram muitas outras idéias, como a de fazer uma rota turística mais estruturada de belezas naturais. Seria o museu a céu aberto, destacando também a parte cultural e o teatro. Revelando dessa forma um grande potencial que Canela tinha com os grupos de teatro. Não só de fora para dentro, mas de dentro para fora. Todas as ações foram tomando o mesmo formato e isso acabou sendo o grande "estalo" para que as pessoas pudessem se dar conta de tudo.

Era uma equipe forte, com o mesmo pensamento e o mesmo objetivo. Em seguida, com o passar do tempo, Canela começou a se destacar nestas três áreas, a da ecologia, da cultura e conseqüentemente da qualidade de vida. Novas propostas surgiam com o aparecimento dos resultados. Uma coisa levava à outra. A folheteria tinha a mesma linguagem e na ocasião nós havíamos procurado desenvolver um padrão para todo material gráfico que surgisse, cartazes, catálogos, fôlderes e convites.

Margarida Weber trabalhava ativamente na Secretaria de Turismo e mergulhava cada vez mais na operacionalização do fluxo de comunicação e integração tanto do GT com o poder público como também para repassar os benefícios dos acontecimentos para a comunidade canelense.

Existia uma empatia muito forte entre todos e, além da parte profissional, acabou acontecendo uma forte ligação de amizade. O contato era quase que diário, porque nós contávamos todas as vitórias umas para as outras pessoas, reportando também todas as dúvidas e angústias do projeto. Mas a sistemática que nós tínhamos era basicamente refletida nas reuniões periódicas, sempre em Canela, reunindo inclusive lideranças e as associações comerciais. Com relação às dificuldades pode-se dizer que foram muitas. A própria questão das viagens. A Consultoria não tinha viagens pagas e eu procurava dividir as minhas diárias com ela. A gente conseguia fazer as viagens assim, dividindo diárias, pedindo cortesias em hotéis, ficando em hotéis baratos para poder levar o projeto adiante. A Secretaria de Turismo também não tinha verba. Não existia uma rubrica que pudesse justificar o que nós fazíamos. Para qualquer tipo de consultoria ainda não existem verbas para justificá-la.

A folheteria de Canela, na época, foi feita assim. Nós propúnhamos a troca do material, como por exemplo as fotos, por hospedagens em hotéis. Era falado o seguinte: "Posso lhe conseguir estadias em Canela, você me diz quantas precisa e eu vou negociar com os hotéis". As fotografias para o nosso material saíram assim, não havia outro jeito de se fazer as coisas. Nós negociamos uma série delas, com hotéis que nos ofereciam parceria. Hotéis em São Paulo, por exemplo. Muito embora o prefeito sempre tivesse nos dado carta branca para fazer o que tivesse que ser feito, nós sempre tivemos que obedecer ao critério legal. Era necessário criar mecanismos para que as coisas acontecessem.

Por outro lado nós procurávamos manter o prefeito abastecido de informações diariamente. Até porque o prefeito era uma pessoa muito aberta e muito próxima de todos nós. Ele era inegavelmente um grande parceiro. Nós também tivemos que unir secretarias para poder fazer uma série de iniciativas. Era preciso manter contato e justificar a necessidade de trabalharmos unidos. A Secretaria de Obras precisou ser uma de nossas parceiras constantes, principalmente na questão dos eventos, na utilização de estruturas.

O processo de divulgação de tudo aquilo que estava acontecendo, fosse um evento cultural, uma reforma de um ponto turístico, o embelezamento de alguma área, uma palestra educacional, um encontro de jornalistas, um catálogo novo, enfim, precisava também ser sistematizado e aplicado nas mídias locais e nacionais, custasse o que custasse.

Com relação à divulgação dos eventos e das atividades nós procurávamos fazê-la sempre, o tempo inteiro, mesmo que fossem as das mínimas iniciativas. Às vezes nós recebíamos muito apoio e em outras nenhum. Em algumas coisas até o próprio jornal local tratava de nos criticar, e tínhamos de dar em seguida uma resposta. Existia um programa de rádio chamado Balanço Geral, onde nós éramos bastante convidados e sempre procurávamos aproveitar ao máximo o espaço para dar as explicações mais detalhadas do mundo.

Mas acho que a coisa mais importante é que todos nós acreditávamos que fosse dar certo. Nós tivemos também muitas outras coisas que falavam em nosso favor. Como o Encontro dos Presidentes do Mercosul em Canela. Foi uma coisa fantástica, porque de uma hora para outra nós tivemos que estar maravilhosos aos olhos da América Latina. Iríamos receber 5 presidentes de países de uma só vez. Tínhamos que apresentar coisas que muitas vezes não existiam. Naquela ocasião todo o mundo se uniu incontestavelmente. O aspecto comunitário em Canela sempre foi muito forte, e para os dois lados, para acreditar e para derrubar.

Margarida também trabalhava juntamente do GT e da Consultoria para fortalecer o nome de Canela no cenário nacional e internacional. Canela precisaria de tempo para se tornar conhecida para os brasileiros e para o mundo. No entanto, o primeiro passo e, seguramente, o mais difícil precisava ser dado de uma forma ou de outra. O projeto havia estipulado meios e mecanismos que, diante das circunstâncias, poderiam e deveriam ser aplicados.

Nós sabíamos que uma marca para a cidade era mais do que importante, era simplesmente fundamental. Mas existiam aqueles que achavam e lutavam, sem desconsiderar os idealismos legítimos, que seria necessário fazer um concurso em escolas para tanto. Eu sabia que isso levaria milhares de anos e não agradaria ninguém. Tinha que ser contratada uma pessoa que fizesse uma marca, um logotipo. Isso foi muito discutido dentro do projeto. Mas acabamos contratando uma pessoa para fazê-la. Apresentamos para o prefeito, o prefeito aprovou, depois apresentamos para mais algumas pessoas e todas começaram a dar sugestões e a história, de uma hora para outra, pareceu não andar mais. Foi então que o primeiro evento grande que nos coube, que era o Festival Aéreo, dentro de um resgate sugerido pelo prefeito, acelerou a necessidade da marca de Canela. Resolvemos que nós iríamos largar aquela marca que tínhamos naquele festival. Trabalhamos muito para fazer aquele evento, botamos a banda da cidade e escoteiros marchando com uma estrutura bem grande lá no meio de todo o mundo. Todos olhavam sem saber o que era aquilo, e aquilo era a marca de Canela. A marca que divulgaria a cidade por muitos anos. A gente considerou, na ocasião, todas as informações da pesquisa e do diagnóstico. Portanto, ela continha um pinheiro, uma caneleira, algumas hortênsias e o Caracol. A marca foi esta.

Olhando para os eventos de turismo em caráter nacional, a coisa foi também muito difícil. Canela não tinha um plano de onde ir, para onde ir. O primeiro evento foi em Porto Alegre e eu não sabia que Canela era vice-presidente de uma associação municipal de órgãos de turismo. Eu cheguei na reunião e me convidaram logo em seguida para ir lá na frente. Não só tive a surpresa de saber disso naquele momento, como também de ser chamada para a mesa, mas não parou por aí. Fiquei sabendo, além de tudo, que o presidente da comissão e que comandaria os trabalhos foi chamado de urgência e sendo assim me passaram a responsabilidade de coordenar os trabalhos.

Aí comecei a participar ativamente das reuniões e das viagens. Fui ficando presidente, ou vice, e Canela sempre bem representada aos olhos de todos. Quando nós não podíamos ir sozinhos, nós íamos com a região, porque na maior parte das vezes inicialmente nós acabávamos indo com a região que representava a serra no Estado. Nós não tínhamos condições de botar estandes sozinhos. Depois as coisas começaram a mudar e fomos tendo uma participação visual bem mais efetiva. A bala de Canela sempre sendo distribuída para todos. A folheteria muito bem-feita e organizada, primeiro em inglês e português e depois também em espanhol. Canela já não era mais a mesma, estava repercutindo para o Brasil e o exterior.

Margarida caracteriza o valor desse projeto. Representa a união das pessoas envolvidas e a vontade de vencer acima de tudo. Mais do que participar efetivamente e de maneira incansável, Margarida significou o próprio sucesso de muitas das metas propostas no Canela 2000. O seu trabalho foi preponderante para que os canelenses pudessem vivenciar uma realidade totalmente diferente e bem mais feliz e condizente com o seu merecimento.

Atividades e Iniciativas

Antes de avançarmos para os projetos paralelos e também em parte dos relatórios, que darão ao leitor um conhecimento maior da operacionalização do Projeto Canela 2000, vamos falar de várias iniciativas em separado, algumas já relatadas por Margarida Weber em seu depoimento, e que servem para ilustrar bem mais as táticas aplicadas e fundamentais para que os objetivos fossem atingidos.

A primeira iniciativa foi justamente alinhavada para o sistema hoteleiro da cidade. Nada mais e nada menos do que uma carta de boas-vindas ao bem-vindo turista de Canela. Uma elaboração da Consultoria que tinha por alvo cativar aqueles que estivessem chegando para conhecer a cidade.

PREFEITURA MUNICIPAL DE CANELA
Estado do Rio Grande do Sul

Bem-vindo!

É com muito prazer que o recebemos em Canela e juntos vamos compartilhar das belezas naturais e elementos que caracterizam nossa cidade. Para melhor situá-lo na cidade em que está hospedado, trazemos algumas informações interessantes.
"A origem do nome da cidade provém de uma árvore caneleira, sob a qual os tropeiros descansavam. O pequeno povoado era formado por famílias de imigrantes

alemães e italianos e, com o início das atividades industriais, logo se tornou passagem obrigatória entre os campos de cima da serra e a capital do Estado. Em função disso, e com a influência do clima agradável e das paisagens naturais, teve início o desenvolvimento do turismo".

Conheça alguns dos pontos turísticos de Canela:

CASCATA DO CARACOL – com queda de 131 metros, formada pelo arroio Caracol, é o segundo ponto turístico mais visitado do sul do Brasil. Situa-se junto ao Parque do Caracol, com uma infra-estrutura que oferece camping, playground e feira de artesanato.

PINHEIRO MULTISSECULAR – araucária nativa com dimensões pouco comuns e idade estimada entre 500 e 700 anos. Localizada em meio à mata nativa, é um dos mais antigos pinheiros do sul do país.

VALE DA FERRADURA – vista panorâmica de um canyon com 400 metros de profundidade, formado pelo Rio Santa Cruz que, ao longo de seu percurso, toma a forma de uma ferradura.

IGREJA NOSSA SENHORA DE LOURDES – em estilo gótico inglês e revestida de pedra basalto, é conhecida como a Catedral de Pedra.

Venha ao nosso Centro de Informações Turísticas e saiba ainda mais a respeito de Canela e seu roteiro de belezas naturais.

Desejamos que sejam agradáveis os momentos desfrutados em nossa cidade.

Secretaria Municipal de Turismo

Essa carta foi posta em cada um dos quartos dos hotéis da cidade, assim como nos balcões dos estabelecimentos comerciais, como restaurantes e lojas e inclusive em centros comunitários. O período referente a todas essas ações e os seus respectivos progressos ainda fazia parte da projeção inicial de curto prazo, que condizia com o aspecto comunitário. Em torno de oito meses de muito trabalho, as atividades organizadas nesse tempo começaram a revelar os seus primeiros resultados. Digamos que as sementes já haviam sido plantadas e apresentavam por enquanto belas mudas enraizadas em solo canelense.

Junto com a carta de Canela foi criada uma outra tática para ser adotada pelo setor hoteleiro, e que mais tarde ganharia projeção nacional sendo arrebanhada pelo comércio do município, fortalecendo assim a marca de Canela para todos. A criação da Bala de Canela. Mas essa idéia também seria aproveitada para ser trabalhada nos aspectos nacionais e internacionais do nome e conseqüentemente da identidade de Canela.

O GT agia unido e produzia idéias que ultrapassavam aquelas já definidas. Iam além, sempre com a participação de uma ou outra pessoa. A bala de Canela tinha sido assimilada como um grande projeto em paralelo. E todos fariam o possível e o impossível para fazê-la chegar ao mercado, aos hotéis da cidade, aos empresários, aos diretores de operadoras de turismo e a todos os turistas de Canela.

A Consultoria procurou na época uma fábrica que se dispusesse a desenvolver o sabor de canela, garantindo em troca uma belíssima divulgação e conseqüentemente um grande consumo do produto. A idéia era levar o "sabor" da cidade para todos os recantos do país. Canela era doce e saborosa em muitos sentidos. Essa tática desempenharia uma ramificação incalculável das atuações. Uma delas, da qual não se pode faltar com o registro, era a de fazer com que as camareiras dos hotéis distribuíssem as balas de canela nos quartos dos hóspedes. Não foi nada fácil. Um gesto simples e que tinha um significado gigantesco. Mas com o tempo aquilo se tornou consciente e fez com que a iniciativa surtisse um efeito monstruoso.

Mediante um projeto em separado, que dava corpo e forma a mais uma bela idéia que surgira, o GT passou a trabalhar na direção das negociações com as empresas do ramo. Depois de várias negativas ao projeto ele acabou sendo aceito pela Indústria de Balas Florestal S.A., de Lajeado, Rio Grande do Sul, que se comprometeu em criar o sabor ainda bastante incipiente no mercado.

O slogan *Leve o sabor da cidade com você* veio junto com o nascimento da bala de Canela. Essa marca e essa frase seriam capazes de proliferar as melhores impressões do pólo turístico que renascia na serra gaúcha. Juntamente da folheteria e do símbolo de Canela, estava pronto e esquematizado o arsenal para enfrentar o processo de divulgação, fixação e o fortalecimento da identidade do município em órgãos de turismo. As operadoras tratariam de espalhar Canela em seus roteiros, tornando-a conhecida no cenário nacional e posteriormente mundial. Se antes, timidamente, iniciativas isoladas tinham sido experimentadas, tendo apresentado a cidade para muitos diretores de empresas grandes e eventos maiores ainda, praticamente de mãos abanando, agora a história seria diferente.

Se de um lado existia munição para encarar os eventos e as operadoras de turismo pelo país, faltavam as estratégias de ações. Era preciso um amplo e minucioso planejamento de como agir diante da grande variedade de situações que seriam encontradas. Aqueles que fossem para o front teriam de estar preparados e respaldados ao máximo, para persuadirem os importantes aliados no objetivo de que estes viessem para a cidade e conhecessem o seu gigantesco potencial com os próprios olhos.

Também foi feito um convênio com o "Companheiros das Américas", um acordo bilateral entre Brasil e EUA, onde cada Estado americano possui um coirmão brasileiro, sendo que o Estado que corresponde à irmandade com o Rio Grande do Sul é o Estado de Indiana. O convênio havia estabelecido um intercâmbio do prefeito e mais os secretários de governo para que estes rumassem para lá. Um núcleo de dirigentes americanos, através do convênio, havia montado um programa para a comitiva brasileira, com consultores de marketing. No caso, o Estado de Indiana a ser visitado possuía regiões com características geográficas muito similares às de Canela. Através disso foram apresentados ao prefeito e ao poder público alguns referenciais exteriores, que por sua vez atendiam um turismo muito bem explorado, dentro dos padrões internacionais e com todos os cuidados para a devida preservação de suas reservas naturais.

Tudo ali primava por uma condição de organização e de segurança para o turista. O prefeito ainda teve a oportunidade de conhecer e avaliar as condições de pontos turísticos das cidades de New Hamphshier e Vermont, fora de Indiana, onde todo o trajeto foi coordenado por um americano que fazia parte do Movimento das Américas.

No retorno para Canela, com base nos relatórios e observações, as impressões de uma forma ou de outra, antes mesmo de algumas aplicações que surgiriam pelo reflexo da viagem, foram repassadas para a comunidade canelense. O espírito de integração e harmonia no convívio com o turista, aos poucos, era muito bem assimilado pela população. Além disso, todos haviam aprendido e incorporado uma série de estratégias que deveriam ser adotadas para receber o turista que viesse de fora do Estado ou do exterior.

No estreitamento das relações com a população, naquilo que representava o emprego das ações do projeto, muitas pessoas mostravam-se partidárias a ele e apostavam cada vez mais em iniciativas próprias. Um exemplo disso era Zanis Coelho, que trabalhava com a exploração da cozinha serrana na cidade, sendo proprietário da casa Café Colonial Coelho.

Não faltava mais nada. As estratégias haviam sido estudadas e todo o seu material já estava na bagagem absolutamente preparado. Restava rumar direto ao seio do grande desafio que seria incorporar Canela nas principais rotas de turismo do país.

Com um belo estande da cidade montado numa enorme feira de turismo em São Paulo, incluindo aí o Café Colonial Coelho, com belas cestas do gênero que faziam muito sucesso a ponto de se tornarem constantes nas demais viagens, o material foi distribuído e o seu poder de convencimento foi arrebatador. Mediante explanações e o preparo dos interlocutores do processo, obviamente munidos do irresistível aroma da bala de canela em suas bocas, convenceram os diretores de duas das maiores operadoras de turismo do país, a CVC e a Costa, a botarem seus pés em Canela. Seriam recebidos exatamente como mandava o figurino. A cidade estava preparada para mostrar-lhes, com argumentações fortes, tudo aquilo que encheria os olhos de qualquer um.

Assim a Consultoria e o GT passearam com os diretores das respectivas empresas por todos os pontos turísticos de Canela, apresentando formas e planejamentos para cada um deles. Sendo que, ao mesmo tempo, muitas idéias que nasceriam futuramente aqui e ali também foram orgulhosamente divulgadas nos mínimos detalhes.

Em seguida as rotas turísticas feitas pela CVC e Costa incluiriam Canela nas páginas referentes ao Estado do Rio Grande do Sul. Os turistas de todo o país passariam a conhecer as belezas naturais inacreditáveis e existentes naquele inestimável pedaço da serra gaúcha.

Projetos Paralelos

Muitos projetos foram criados para atender a uma série de atividades surgidas ao longo do planejamento. Poderiam ser eventos ou estratégias dirigidas, ou ainda quem sabe posturas que fortalecessem as metas mais subjetivas, como a consciência dos canelenses. Aqui veremos alguns exemplos bem definidos, que servirão para melhor ilustrar os procedimentos, além de dar seqüência às criações que se estabeleciam fortemente.

A programação visual foi executada por uma empresa especializada. O símbolo ou marca de Canela foi feito por Marília Vianna. Nele foram associadas as imagens que representavam a nova identidade firmada para o município, empregando elementos característicos da cidade. Ao longo do trabalho feito por Marília estava pautado tudo aquilo que denominava o projeto em paralelo. Foram apresentados slogans como *Reserva Natural de Cultura*, que estendia o pensamento, entre outras coisas, para a expressão sintética dos conteúdos. Uma breve explanação justificava a frase.

Existe a vantagem de partirmos de um conceito de domínio público, que já está registrado no inconsciente das pessoas e presente em suas vidas – Reserva Natural. É universal e não se caracteriza como modismo. Ao acrescentarmos De Cultura como complemento, enriquecemos e fortalecemos os aspectos naturais da região inerentes (de dentro para fora) a Canela.

Depois eram enumeradas outras particularidades necessárias, como tipologia, no uso da letra, as cores empregadas e a forma. Essa idéia foi levada para ser discutida pelo GT, e tinha por objetivo uniformizar e padronizar o material utilizado nas divulgações, incluindo aí o material interno da prefeitura.

O símbolo, por sua vez, uniria a Cascata do Caracol, a caneleira típica e que havia dado nome à cidade até as hortênsias que floresciam em abundância pela região.

Outros projetos nasceriam da mesma forma, sendo coordenados pela Consultoria e levados ao GT.

O Projeto 05, por exemplo, havia sido denominado de I Fórum de Debates Infanto-juvenis, com a parceria de empresas e da Secretaria de Educação e Cultura do município. As idéias para um projeto ou outro nasceriam ao acaso, motivados pela inspiração nas constantes conversas estabelecidas pelo GT. No caso do Fórum, o exemplo é mais do que típico. Berenice comentara sobre a Prefeitura Mirim que tinha sido um verdadeiro sucesso e já estava consolidada como uma bela iniciativa. Não precisou mais nada para que motivasse as demais pessoas do GT a fim de que estas realizassem um evento que estivesse ligado à educação e às crianças, do qual veremos o objetivo específico e parte da justificativa a seguir.

Objetivo específico – *Prestigiar ainda mais a criação canelense, deixando-a ser anfitriã em um evento destinado à discussão de assuntos importantes dentro da atualidade vistos, é claro, através de um contexto infanto-juvenil.*

Justificativa – *Uma vez que Canela vem, com muita seriedade e criatividade, solucionando os seus problemas, principalmente os que se referem às crianças (temos como exemplo a participação dos alunos na Feira do Livro, escrevendo as suas histórias), é que não podemos perder a oportunidade de sermos pioneiros na organização de um evento dirigido somente para crianças, onde os seus sentimentos estejam expostos sob forma de questionamentos a respeito de assuntos como: meio ambiente, saúde e educação.*

Assim aconteceriam diversos e sucessivos projetos, trocando idéias, alimentando-as por intermédio de uma grande fábrica de sugestões na qual o Grupo de Trabalho tinha se transformado. Idéias como: a participação de Canela na Feira do Livro de Porto Alegre, o Canela-Shop, o Prêmio Talento Canelense e Turista Especial. Esse último tendo em seu objetivo específico a implementação e a divulgação da real vocação turística da cidade de Canela, através de estratégias e elementos de comunicação, criando um envolvimento do turista com a comunidade canelense de maneira bastante pertinente.

Relatórios

Os relatórios eram feitos mensalmente e através deles se podia saber aquilo tudo que estava acontecendo mês a mês nos mínimos detalhes. Desde os eventos, o conteúdo das reuniões, as deliberações de assuntos polêmicos e o procedimento das atividades até os resultados atingidos com as idéias postas em prática. Os relatórios abasteciam o poder público e serviam inclusive como motivadores e incentivadores dos recursos necessários para levar adiante o Canela 2000, além de também servir como registro documental e arquivo histórico para a administração e suas implicações legais. Todos os relatórios eram separados, rubricados e organizados cronologicamente em arquivo.

A outra filtragem possível de ser feita dentro dos relatórios é a da relação e sistemática funcional entre as pessoas que compunham o GT e a Consultoria.

Tudo seguia uma linha muita bem amarrada. Lá, Berenice, Vera, Margarida, Kátia, Vitor Hugo e Nídia, por exemplo, uniformizavam as suas ações. Dizendo o que cada uma das pessoas havia feito, como tinham sido os eventuais contatos e reuniões, viagens e as tarefas mais simples. Nada escapava do relatório, que se transformava também num guia bastante rico para traçar metas em acordo com o cronograma. O cronograma estava nos relatórios, e esses elementos serviam de uma verdadeira bússola para todos.

A Fábrica de Sonhos - Os Grandes Eventos

O calendário anual dos eventos de Canela era uma das armas mais poderosas junto à mídia para que a cidade chegasse onde chegou. Mas para que o então calendário anual também chegasse a se tornar um instrumento fortíssimo de divulgação, antes, obviamente, se necessitava dos eventos para preenchê-lo. Canela e os seus canelenses registravam, como constatara o diagnóstico, um espírito cultural irrevogável. A cultura estava para os canelenses assim como estavam as belezas naturais para Canela. Um fato indesmentível. Antes mesmo do Projeto Canela 2000 pensar em eventos como estratégias poderosas na contextualização do projeto, o município já os tinha feito por natureza e para satisfazer a própria alma.

O Sonho de Natal, a Semana Santa, o Festival de Teatro e o Festival Internacional de Bonecos de Canela já eram todos uma realidade. Alguns engatinhavam quando a Consultoria começou a trabalhar na cidade, enquanto que outros começavam a despontar no horizonte. Mas todos, irmamente, ajudariam e seriam ajudados pelo Canela 2000. Se por um lado os resultados das estratégias do planejamento de marketing municiariam os eventos de Canela, dando-lhes a dimensão e projeção que mereciam, por outro lado os próprios eventos se encarregariam de incentivar e verdadeiramente azeitar a máquina das demais atividades e objetivos do Canela 2000.

Nesse aspecto, todo cuidado e atenção eram poucos. Muito mais do que oferecer novos subsídios, projeção, estrutura, divulgação e dividir os demais lucros do Canela 2000 com os eventos em questão, era preciso doar-lhes uma quota incomensurável de carinho. A admiração e o respeito por aquilo que já se havia construído com os eventos de Canela eram motivos de orgulho e de admiração por parte de todos os envolvidos no resgate da cidade. Fossem eles filhos do município ou adotados, da região serrana ou de fora dela, profissionais ou novos apaixonados pela linda história de vida duma cidade e de seus moradores.

Portanto aqui reside um espírito de união que transcende qualquer coisa que pudesse ser criada ou profissionalmente efetivada. Nesse trecho entenderemos o caráter e a alma de uma comunidade que unida revela-se insuperável e vencedora. A tradução de tudo está aqui. Se não fosse o canelense, em todos os momentos, Canela, independentemente de qualquer que fosse o projeto, jamais teria se reerguido e chegado ao topo de seus mais esperados anseios. Um lugar que tem por ilustração maior o seu próprio brilho incandescente e impossível de ser apagado.

Não dá para citar alguns dos eventos de Canela sem, ao menos, registrar parte de sua história e da gente que os criou.

Semana Santa

As festividades da Semana Santa existem em quase todos os lugares do mundo. Em Canela não era diferente e comunitariamente, de uma forma ou de outra, dava-se um jeito de organizar alguma festa e encenar a Paixão de Cristo. Mas Canela tinha um potencial nato para este evento em específico, e ele precisava ser reformulado e melhor aproveitado. A fé dos canelenses, assim como as vocações para serem protagonistas de suas histórias, mereciam bem mais do que vinha sendo apresentado até então.

Sheila Betoluci, natural de Canela, que na época era coordenadora do Departamento Pedagógico da Secretaria de Educação e Cultura do município, e uma líder comunitária por excelência, conta essa história melhor do que ninguém.

Sheila Betoluci

Um pouco antes de a Suzana chegar a Canela, a Semana Santa era organizada por um rapaz da comunidade. Existia uma procissão. Algumas pessoas, aleatoriamente, ganhavam roupas e encenavam a Paixão de Cristo até o ápice com a crucificação lá no Morro da Cruz. Porém, no primeiro governo do José Vellinho Pinto, em 1989, o projeto da Semana Santa foi trazido para a Secretaria de Educação e Cultura. Pegamos o projeto e o analisamos cuidadosamente, mas até aí sem exatamente projetar alguma idéia. Lembro de em seguida comentar com a Berenice o que nós iríamos fazer com ele. Depois de algumas reuniões tomamos uma decisão, pois precisávamos urgentemente nos posicionar. Decidimos que o levaríamos para Porto Alegre e trataríamos de apresentá-lo ao professor Carlos Jorge Appel, então secretário de Cultura do Estado. Posso me lembrar ao menos do teor de suas palavras. Ele disse para a Berenice o seguinte: "Olha, eu vou mandar duas pessoas para lá na idéia de propor uma coisa diferente". Não muito tempo depois disso, desembarcavam em Canela, e conseqüentemente na Secretaria de Educação e Cultura, duas pessoas a mando do professor Appel. Nós pegamos os dois e também a Nídia Guimarães e fomos falar com o padre, na época a paróquia ficava sob o olhar do Padre Celestino. Apenas para ilustrar as condições: faltavam duas semanas para a Semana Santa acontecer. Esse era o tempo que teríamos para fazer aquilo que o professor havia chamado de "uma coisa diferente" aparecer para a comunidade. Começamos a correr e a providenciar tudo. Talvez até hoje nem nós sabemos como conseguimos realizar aquela Semana Santa. Anteriormente tudo era feito de uma forma bastante desorganizada e também muito amadora. Mas esse foi o início, mesmo que com muitas dificuldades, e também de um certo amadorismo de nossa parte, para que o evento ganhasse uma nova projeção.

Os sacrifícios foram muitos, mas eu lembro da comunidade que nos apoiou, juntando velas em casa, costurando roupas e marcando presença para a procissão, da mesma forma que existiam aqueles, principalmente as pessoas mais recatadas dentro da sua respeitada religiosidade, que achavam aquilo tudo exagerado e fora dos padrões cristãos. Acontece que dessa vez eram atores, praticamente todos eles canelenses, que estavam pela primeira vez e verdadeiramente encenando a Paixão de Cristo.

Sonho de Natal

O Sonho de Natal nasceu em 1988 e é um dos grandes exemplos da força comunitária de Canela, destacando os esforços de algumas pessoas, em especial Rudimar José Anghinoni.

Rudimar, natural de Porto Alegre, foi para Canela em 1978 para trabalhar com a hotelaria. Mais tarde partiu para o segmento do turismo e em seguida acabaria se envolvendo com os eventos da cidade. Rudimar anos depois seria nomeado secretário de Agricultura e Desenvolvimento Econômico de Canela. Antes, porém, correria atrás do Sonho de Natal.

Rudimar José Anghinoni

Estava se iniciando na região um sentimento de união para que fosse desenvolvido um evento turístico voltado para o Natal. Isso nasceu porque nós tínhamos naquela época, no mês de dezembro, um período de baixíssima temporada na hotelaria e no turismo, o que nos forçava a tomar alguma providência para reverter o processo. Mas como fazer isso? De que forma nós reverteríamos o quadro da baixa temporada, visando a um reflexo positivo e participativo para comunidade? Nós sabíamos que tudo aquilo que fosse novo, ou soasse como uma mudança, acabaria sofrendo uma resistência imediata e natural. Essa é uma característica nata do ser humano.

Então, naquele ano, nós tratamos de desenvolver um projeto específico para o

Natal. Captamos os recursos necessários em apenas 4 meses. A forma de agregar a comunidade neste processo nasceria por intermédio de uma campanha. Foi quando iniciamos a Campanha da Lâmpada, que consistia em que cada aluno do município providenciasse uma lâmpada de 25 watts, para doá-la ao evento com a finalidade de iluminar o Natal de Canela. Mas antes mesmo de começarmos a arrecadação das lâmpadas, nos demos conta de que precisávamos providenciar o "lugar" de sua instalação. Nós necessitávamos, em outras palavras, da fiação para que a Campanha da Lâmpada pudesse dar certo e não virasse um fracasso absoluto. E para isso procuramos criar um "Livro Ouro". A verdade é que a partir dali nós saímos de porta em porta pelo comércio da cidade para arrecadarmos os fundos necessários e botarmos o projeto todo em prática. Mas antes de levarmos isso para a comunidade, nós tínhamos também que ter o nome do evento.

Criamos um novo concurso nas escolas para escolher o nome do evento de Natal. Uma menina sagrou-se vencedora, com o nome de "Sonho de um Natal". O processo de seleção julgou aquele nome perfeito para aquilo que o projeto se propunha. Nós entendíamos que, a cada ano, nós estaríamos realizando um novo Natal e nisso o nome escolhido preenchia de forma sintética o sentimento necessário. Porém, com o passar do tempo, os publicitários acharam que não ficava bem o "um" entre as palavras Sonho e Natal, e por isso ficou somente "Sonho de Natal", cujo nome prevalece até os dias de hoje.

Tendo o nome sido escolhido, nós fomos para o comércio e também às portas da comunidade canelense em geral para solicitar o apoio financeiro. A auto-estima da comunidade estava muito baixa, pois existia uma indefinição sobre seguir pelo caminho do turismo ou transformar a cidade em um pólo industrial. A comunidade, no início, não se cansava de nos dizer que o nome era perfeito, pois aquele projeto iria ficar mesmo somente num sonho. Mas a persistência para transformarmos então "aqueles rabiscos" em ação efetiva tem, pelo menos, uma história muito engraçada.

Nós queríamos fazer uma decoração onde todos os prédios centrais procurassem colocar uma estrela, ou melhor, vários jogos de estrelas em suas estruturas, de tamanhos diferentes e de madeira. Uma atitude que vitalizasse o processo artesanal. Mas quando nós começamos a colocar as estrelas nos respectivos prédios, as pessoas começaram a nos dizer que aquilo em nada se parecia com uma estrela, e que as estruturas mais lembravam uma porção de margaridas do que qualquer outra coisa. Daí surgiu também a "Margarida de Natal". Esta é a verdadeira razão da Margarida de Natal. E, além disso, nas próprias margaridas foram colocadas as lâmpadas de 25w. Uma quantidade fantástica de lâmpadas, que resultou numa decoração muitíssimo bonita.

À medida que fomos avançando, passamos a conquistar a simpatia da comunidade e fazer com que ela se transformasse no verdadeiro mutirão que se estabeleceu. Tanto é verdade, que nós conseguimos numa noite só, porque trabalhávamos nisso somente à noite, cem pessoas para nos ajudar, o que na época era algo fantástico, absolutamente fora do comum, dadas as dificuldades dos canelenses em lidarem com a sua própria estima. E o que também nos chamou muito a atenção foi uma dedicação irrestrita por parte das mulheres. Uma significativa participação. Muitas delas criaram inúmeros calos nas mãos de tanto trabalhar.

Tomando alguns outros pontos do projeto, além da luz, nós tínhamos que ter também uma decoração mais alegórica para que se fizesse uma conjunção entre os pontos do projeto. Mais uma idéia e mais uma criação, "A Grande Alameda dos Sinos", que até foi motivo de uma visita do programa Fantástico da Rede Globo, para que fosse feita uma reportagem especial.

O sino também nasceu por intermédio de um concurso. Era construído todo ele em vime. Empresas trataram de patrociná-lo. Isso tudo que aconteceu em 1988 serviu para acordar um pouco a comunidade, pois se ela fosse participativa não tinha como a via do turismo dar errado. A comunidade estava acomodada em seu habitat, porque muitos moradores de Canela sequer conheciam os seus próprios pontos turísticos. Nós havíamos conquistado uma mobilização que não poderia se perder. Aquilo tudo tinha de permanecer de alguma forma, e foi quando desenvolvemos uma lei no município a qual chamamos de Comenda de Natal, em que cada ano se escolheria 10 casais da cidade para que no ano seguinte continuassem a organizar e coordenar o evento. A partir disso, procuramos estimular essas pessoas, fazê-las se tornarem protagonistas de suas histórias. Providenciando estímulo, nós estaríamos revelando a criatividade e o talento da comunidade canelense.

A Comenda funcionou bem nos primeiros anos seguintes, mas por pouco tempo, não havendo uma continuidade satisfatória do evento. Inclusive posteriormente, em um determinado ano, foi adotado um seminário para discutir se o evento deveria continuar existindo ou não. A comunidade achava que o poder público deveria assumir a responsabilidade, que não deveria mais trabalhar de graça, sem entender que aquilo tudo era feito para ela mesma. Mais uma vez a comunidade necessitava que a sua consciência de união fosse revitalizada. Tantas outras coisas, ao longo do processo, também tratavam de apresentar uma série de dificuldades para preservar aquela idéia. Mas depois o projeto foi retomado pelas mesmas pessoas que o haviam idealizado em 1987 e a comunidade também aprendera com os seus erros, unindo-se outra vez. Em 1997 o Sonho de Natal foi retomado e a arrecadação das lâmpadas atingiu um número inacreditável. Oito milhões de lâmpadas foram trazidas pela comunidade, fazendo o canelense enxergar que, se estivesse unido, seria uma força inabalável. Prova disso é que tinha transformado o Sonho de Natal num grande evento de Canela.

I Fórum Infanto-Juvenil

Nilda Terezinha Athaides, natural de Canela, na época que recebeu a missão de ser uma das coordenadoras do I Fórum Infanto-Juvenil, era orientadora educacional da Secretaria de Educação e Cultura da cidade. Aquele projeto era uma iniciativa da Consultoria e do Grupo de Trabalho dentro das metas do Canela 2000. Berenice Felippetti tinha uma participação e um carinho todo especial pela idéia e nomeara "Nildinha", como era carinhosamente chamada por todos, para ser o seu braço forte da Secretaria da Educação e Cultura à frente do projeto.

Nilda Terezinha Athaides

A Berenice era secretária de Educação e Cultura e ela procurou colocar para todos as iniciativas do projeto da forma mais tranqüila possível. Na verdade nós já estávamos em plena atividade, pois o Festival de Teatro Amador que havia sido o estopim de tudo, em 1986, já havia nos dado muita experiência. A Suzana chegou em 1989, com o processo do Festival de Teatro em andamento. Nós fazíamos as coisas num verdadeiro roldão, pois tudo começara logo depois que havíamos entrado na Secretaria. Nós pegamos o bonde andando e as coisas naturalmente ligavam-se umas às outras. A Secretaria de Educação com o Departamento de Cultura, numa interação fortíssima. Foi a Berenice quem acabou estruturando este departamento. Levou anos inclusive para que os cargos passassem a existir. Era algo muito bem estruturado.

Com a chegada da Suzana nós começamos a sentir a necessidade de ter um compêndio, uma forma de canalizar as informações, agrupar tudo aquilo que estava sendo feito. Dessa forma passamos a tomar parte do que era pensado pelo projeto. E uma das idéias era a realização do Fórum Infanto-Juvenil. Foi um trabalho lindo.

Nós buscamos uma série de coisas, além do apoio financeiro por parte de empresas. Fizemos fichas para cadastrar as crianças que viriam de Porto Alegre e as crianças de Canela, organizamos todo o Fórum no Hotel Laje de Pedra, onde inclusive as crianças de fora ficaram hospedadas. Aconteciam coisas incríveis no debate entre as crianças, com discussões sobre política, questões sociais, ambientais e diversos outros assuntos pertinentes ao ensino. Mas ao mesmo tempo também acontecia uma interativade fantástica dos alunos da capital com os alunos canelenses. A troca de idéias entre eles era constante e aquilo resultou no grande sucesso do evento. Os painéis ficavam lotados, as instalações e os corredores do hotel também. Apesar de não ter os números comigo, lembro que a repercussão não só do número de participantes como do resultado atingido com todo o trabalho foi imediata e muito positiva. A comunidade sentiu e participou junto. O evento ganharia o seu espaço e iria perdurar, de uma maneira ou de outra, até os dias de hoje.

Festival de Teatro de Bonecos de Canela

O Festival de Teatro de Bonecos de Canela tem uma das histórias mais lindas da cidade. Um evento que já foi registrado em livro, e que conta, relata e documenta aventuras e situações incríveis que compõem uma das maiores riquezas culturais do nosso Estado. Esse evento é grandioso e um dos maiores do gênero no mundo e que, por sua vez, trouxe para Canela gente que ajudou a alimentar culturalmente o seu povo de modo inestimável. O talento dessas pessoas que passaram pelo município e trataram de deixar nele um pedacinho de seus corações faz do Festival um evento extraordinário e completamente enraizado na comunidade canelense. Uma das grandes personagens dessa história, Luz Marina Zambrano, em seu texto que ocupa a orelha do livro "Continente Sul Sur", procura descrever a emoção e o carinho que tinha por aquele que foi um dos maiores, senão o maior, apaixonados pela "Fabrica de Sonhos" de Canela, assim como um dos maiores manipuladores de "Títeres" do mundo, Javier Villafañe. Inesquecível para Canela e os bonecos que ainda devem sonhar com a magia de suas mãos. Os canelenses devem estar fazendo o mesmo, buscando no tempo a imagem de Javier com os seus passeios em frente à Catedral de Pedra, o seu chapéu equatoriano, os seus goles de vinho pelos restaurantes, a sua barba branca tal qual uma nuvem, o seu sorriso angelical e as suas conversas com El Diablo.

Muitos ajudaram a construir o Festival de Bonecos, e essa lista seria interminável, dando-nos a impressão de que os nomes despencariam pelas páginas como o volume d'água da Cascata do Caracol. Mas no contexto do envolvimento profissional e emocional do Festival com o Grupo de Trabalho, ninguém nos pode falar melhor do que Marina Meimes Gil, que na época era coordenadora do Departamento de Cultura da Secretaria de Educação e Cultura de Canela.

Marina Meimes Gil

Quando eu cheguei a Canela, por causa da auto-estima da população, as pessoas me diziam que isso não daria certo. Com a realização do primeiro Festival de Teatro, as pessoas já passaram a dizer que as coisas poderiam dar certo em Canela, pois o evento de teatro mostrara isso.

Mas a verdade é que o I Festival de Teatro foi um sucesso, vieram pessoas de fora e tudo começou a mudar. Eu me lembro de uma coisa visual, a cidade estava toda florida na ocasião. Tenho essa imagem muito clara na minha cabeça.

Mas para começar a história toda da retomada do teatro em Canela é preciso falar do professor Appel, que é uma pessoa fundamental neste processo. Ele foi uma das cabeças do Festival ainda no seu começo, quando não existia nada. Ele queria resgatar a cultura para Canela.

Puxando o fio do novelo ele descobriu que se fazia teatro na cidade em décadas passadas. Inclusive a escolha do teatro para a cidade não estava acontecendo à toa. Foi o teatro porque já se fazia teatro em Canela. Aquilo estava em nossas raízes.

A minha própria chegada ao município tem muito a ver com esse fato, pois existia uma falta de perspectiva generalizada na região. Mas um grupo de pessoas estava decidido a criar alternativas. Acho que foi exatamente nesse barco que acabei entrando, tendo a sorte de pegar uma turma maravilhosa para trabalhar comigo.

Como o Festival de Bonecos veio parar em Canela? Nós estávamos planejando o lançamento do III Festival de Teatro. Ele acontecia em outubro, mas antes nós tínhamos o seu respectivo lançamento no hotel Laje de Pedra, no mês de junho ou de julho. Nessa ocasião era feito o lançamento nacional, trazendo uma peça de repercussão e junto dela convidados e a imprensa. No dia do lançamento do Festival de Teatro, nós estávamos juntos do professor Appel e do Codec (Coordenadoria de Artes Cênicas) e nesse meio tempo apareceu o pessoal da AGTB (Associação Gaúcha de Teatro de Bonecos) com o problema de que o seu Festival de Bonecos, que tinha acontecido um ano antes em Caxias do Sul, estava agora sem um lugar definido para abrigar o evento. Havia ocorrido a troca de governo em Caxias e eles deveriam ir para Sapiranga, mas o município também acabou não assumindo a sua produção. Portanto o professor Appel estava com o lançamento do Festival de Teatro numa mão e o Festival de Bonecos em outra, precisando acomodar os dois.

Lembro que em seguida eu fui ao Codec, quando estava em Porto Alegre, numa reunião que acontecia entre esse mesmo pessoal do Codec e da AGTB. Depois de um tempo eu liguei para a Berenice e disse o seguinte: "Berenice, a situação é essa, tem um pessoal aqui comigo, uns bonequeiros que possuem um Festival de Teatro de Bonecos, e o professor Appel está nos propondo que a gente faça o lançamento do Festival de Teatro juntamente com o Festival de Bonecos". Perguntei para a Berenice o que ela achava da idéia e ela me devolveu a pergunta. Então nós decidimos fazê-lo naquele exato instante. Parecia uma idéia um tanto estranha, mas não tinha nada de ruim e resolvemos botá-la em prática. Nós já possuíamos uma parceria e conseqüentemente uma confiança muito grande no professor Appel, o que nos levava a crer que ele não nos proporia uma coisa que não fosse bacana.

Daí veio e nasceu o Festival de Teatro de Bonecos. Um dos primeiros espetáculos do Grupo Giramundo, que se não me falha a memória chamava-se "Giz", foi com o Boneco do Continente que incendiou a cidade. Um espetáculo fantástico, com bonecos imensos que cativaram as pessoas imediatamente. A Berenice em seguida pegou um chapéu de palha, com algumas hortênsias, flores e trigo, tendo cada um dos elementos o seu importante significado, e tratou de subir no palco e explicar os "ingredientes" daquele ornamento inusitado e, por fim, disse que Canela, literalmente, tirava o seu chapéu para os bonequeiros. A partir dali nós queríamos que aquele Festival ficasse em Canela para sempre.

O evento veio e ficou. Um sucesso absoluto e totalmente plantado no coração dos canelenses. Com uma certa liberdade, para encerrarmos essa parte que se refere a alguns dos eventos de Canela, eis aqui um legítimo brinde quando da comemoração dos 10 anos do Festival de Teatro de Bonecos, em 1998, que integra o livro Continente Sul Sur, do Instituto Estadual do Livro, nas palavras de uma das maiores incentivadoras desta verdadeira fábrica de poesia, a própria Marina Meimes Gil:

Mágica da Vida e da Criação

*"O maior bem que uma comunidade possui
é o potencial de seus cidadãos.
A melhor forma de desenvolver esse potencial
é promovendo a humanização dos indivíduos.
E a melhor forma de humanizar é emocionar".*

(VII Festival de Teatro de Bonecos – Canela 1994)

Sorte, destino, sintonia... Alguma coisa mudou Canela nos últimos dez anos. Sinto que tem a ver com as pessoas de um modo como elas foram tocadas na alma e no coração.

Em solo fértil é possível plantar e colher. Ganha quem joga a semente, quem come o fruto e quem promove a comunhão. Semeamos um caminho de mão dupla.

Para Canela, os bonecos passaram a ser amigos queridos e sempre bem-vindos, fonte inesgotável de beleza, ilusão e alegria.

Para bonequeiros Canela se tornou sede, porto seguro, reduto. Lugar de encontro, reencontro e aprendizado.

Mas Canela e bonequeiros juntos celebraram a mágica da vida e da criação, que se fez na emoção do público e na genialidade da arte.

Por tudo isso, proponho um brinde!

Tintim, amigos e companheiros de trabalho, estaremos sempre juntos em nossas melhores recordações.

Tintim, bonequeiros, por essa arte tão linda, por nos fazer sonhar.

Tintim, Bobo (Grupo Usina Contemporânea do Pará – 1991), você é o reizinho mais doce que eu já conheci.

Tintim, Berenice (Grupo Anima Sonho – RS – 1989 a 1997), nunca uma boneca dançou como você.

Tintim, Bonecos gigantes do Giz (Grupo Giramundo de Minas Gerais – 1989), vocês são inesquecíveis.

Tintim, Abelardo (Boneco de Mário de Ballentti – RS – Mestre de Cerimônias do Festival), você mora no coração de todas as pessoas que você encantou.

Tintim, dinossauros, astronautas, letrinhas, ratos, bêbados, crianças, mendigos, patinadores, bailarinas, pianistas, sambistas, cachorros, cientistas... Bonecos vivos em nós.

Tintim, Festival, por todas as alegrias, por emocionar, por humanizar.

Um brinde a estes 10 anos.

Tintim!!!

Marina Meimes Gil
Fundação Cultural de Canela

Lugares Encantados

Os anos passaram e com eles vieram os resultados que assombram positivamente os olhos dos canelenses. Mas antes de chegarmos ao final do contrato entre a Consultoria e a prefeitura, que por sua vez gestara o Canela 2000 e o fizera nascer, ser alimentado e criado pela comunidade, devemos ver aquilo que, no caminho da jornada, agigantava-se como benefício para Canela. Em outras palavras, os pontos turísticos do município. Eles haviam sido reformulados, enriquecidos e preparados para os milhares de novos turistas que surgiam.

Através das informações de um dos vários materiais promocionais criados, veremos a transformação: benéfica, meteórica e definitiva que a cidade passou a viver.

Parque do Caracol

A Cascata do Caracol, formada pelo arroio do mesmo nome, despenca em queda livre de 131 metros, por rochas de formação basáltica, formando um conjunto paisagístico de rara beleza. Ele está situado a 7km de Canela, com moderna infra-estrutura, contando com um mirante, restaurante, área de lazer, feira de artesanato e trilhas ecológicas auto-interpretativas. Outra atração localizada dentro do parque é a escada de 927 degraus que conduz à base da cascata.

Parque do Pinheiro Grosso

No coração da mata nativa você é apresentado a uma árvore de aproximadamente 700 anos. A Araucária *angusrifolia* (Pinheiro Brasileiro), ponto de referência da vegetação serrana com 42 metros de altura, deu origem ao nome do parque pelos seus 2,75 metros de diâmetro.

Castelinho

A caminho do Parque do Caracol encontra-se uma das primeiras residências de Canela, conhecida também como Castelinho. O local abriga um museu com peças dos colonizadores da região, além de funcionar como casa de chá onde se pode apreciar o verdadeiro Apfelstrudel.

Floresta Encantada

De frente para a Cascata do Caracol, com extensão de 405 metros, o teleférico leva a um mirante com vista para a Cascata e Vale da Lageana. O parque contempla esportes radicais como trekking, mountain bike e canyonning. O visitante poderá percorrer as trilhas da Floresta Encantada, encontrando elementos da fantasia imaginária e desfrutar também de inúmeros equipamentos de diversão e lazer.

Parque da Ferradura

O Parque da Ferradura é o lugar certo para quem vem para Canela em busca de integração com a natureza. Você poderá escalar as paredes do canyon com 400 metros de profundidade e visitar a cascata do Arroio Caçador.

Monumento à Integração

O Monumento à Integração foi criado pelo escultor Carlos Tennius para marcar a vinda dos presidentes dos países do Cone Sul: Brasil, Argentina, Chile, Uruguai e Paraguai. A obra reforça o sentimento de amizade e parceria entre os países vizinhos.

Parque Laje de Pedra

No Parque Laje de Pedra passeia-se por ruas arborizadas e belos jardins. Este caminho conduz o visitante a contemplar o Vale do Quilombo, uma das mais belas paisagens da região. Do seu mirante, observa-se um horizonte de montanhas e vales.

Parque da Fantasia

Você encontrará amigos de infância, o Gato de Botas, a Princesa Real, Cachinhos de Ouro, Rapunzel e muitos outros personagens revivendo as histórias encantadas e os contos de fada.

Mundo a Vapor

Viajar no tempo. Ninguém resiste a este convite. No Mundo a Vapor você pode embarcar no trem e atravessar um túnel que leva de volta ao tempo em que o mundo era movido a vapor. Miniaturas de máquinas em unidades de produção que promoveram a Revolução Industrial.

Catedral da Pedra

A Catedral Nossa Senhora de Lourdes encontra-se no coração de Canela e sua beleza é grandiosa e imponente. Construída em estilo gótico inglês, possui uma torre de 65 metros de altura e um carrilhão de 12 sinos. Visitar a Catedral é envolver-se pela mística de sua construção e seus vitrais.

Parque das Sequóias

O Parque das Sequóias é uma das maiores coleções de coníferas do mundo, onde se destacam as sequóias e a *ginkgo biloba*, a espécie viva de árvore mais antiga do planeta. Do parque saem roteiros de trekking, mountain bike, canyonning e hipoturismo.

Morros Pelado, Queimado e Dedão

O Morro Pelado, localizado a 6km do centro da cidade, proporciona uma das vistas mais espetaculares da região. Com uma visão de 180º, você observa uma paisagem ímpar de horizontes longínquos. Sua geografia é perfeita para esportes radicais.

Floresta Nacional do IBAMA

A floresta dispõe de trilhas de longa distância para trekking e atividades de lazer que propiciam a integração do visitante do local.

Fazenda Serra Azul

A Fazenda Serra Azul é uma área verde natural, com lagos, quadras de esportes, piscina e parque infantil. Nela se pode conhecer a gastronomia gaúcha, o processo de ordenha e fabricação de queijos, bem como o Centro de Treinamento e Criação de Cavalos Crioulos. Também se pode passear a cavalo e de charrete.

Parque das Corredeiras

Os esportes radicais têm destaque no Parque das Corredeiras. O Rio Paranhana (conhecido também por Rio Santa Maria) atrai os visitantes para a prática do rafting, a descida nas corredeiras em botes infláveis.

Sem Medo do Futuro

O Projeto Canela 2000 terminava a sua etapa de implementação, sob o olhar da Consultoria que cumprira o seu contrato de 3 anos junto à prefeitura de Canela. Muitas das metas tinham sido atingidas, outras encaminhadas e as demais nasceriam por conta dos canelenses, nutrindo as sementes que haviam sido espalhadas pelo projeto. A consciência incorporada na comunidade facilitaria o surgimento de novas medidas. Canela realmente havia se preparado para, a partir de agora, caminhar pelas próprias pernas.

Numa espécie de bola-de-neve, acontecimentos e empreendimentos apareciam na cidade. Hotéis nasciam um atrás do outro, a UCS (Universidade de Caxias do Sul) levara a universidade para os canelenses, oferecendo cursos inicialmente referentes ao turismo. Mas outros cursos se somariam aos primeiros logo adiante. Pequenas empresas de ramos distintos, como pousadas, cafés, restaurantes, lojas de artesanato, prosperavam como nunca. Agências de turismo se instalavam no território canelense, vendendo a imagem de Canela e espalhando-a cada vez mais em roteiros turísticos tanto do Estado como no país. Os eventos ganhavam as manchetes dos jornais e se no início, principalmente, a Consultoria juntamente de Vera, Berenice e Margarida lutavam para divulgar Canela por intermédio de um calendário de eventos, agora as coisas aconteciam naturalmente e com uma volumosa mídia espontânea. Também turistas desembarcavam na cidade num crescente vertiginoso, e por aí muita coisa aconteceu.

Mas existe um fato que não pode passar em branco. Enquanto jovens vinham estudar em Canela, procurando fazer cursos de turismo e hotelaria e turistas se amontoavam na rodoviária durante a alta temporada, mais gente subiria a serra com motivos muito fortes e íntimos.

Os bons filhos que à casa retornariam. Se num período de sua história Canela não oferecia perspectivas para os seus jovens moradores, agora era diferente. Mais do que a faculdade, a cidade também tratava de ofertar inúmeras outras oportunidades. Muitos empreendimentos poderiam ser postos em prática, sem falar num novo mercado fértil para profissionais liberais de diversas áreas. Dessa forma, aqueles canelenses que, por ventura, foram obrigados a deixar a cidade em busca de estudos e mercado de trabalho, agora que tinham a chance de exercerem seu potencial na sua terra natal não a perderiam nem por decreto. Não foram poucos os que retornaram com o coração cheio de saudade e radiantes por estarem de volta ao seu berço adorado.

Um exemplo desses jovens que deixaram Canela e depois retornaram para fazerem parte de sua história é Pompeu Dióges, que futuramente viria a ser secretário da Fazenda do município.

Em 1986 eu fui para Porto Alegre estudar. Completei o segundo grau, em Gramado, porque aqui só tinha uma escola de magistério e não tinha noturno. Fui para Porto Alegre, pedi para o meu pai me ajudar a pagar um cursinho de pré-vestibular e ver também se conseguia um emprego por lá. Mas os jovens, na sua maioria, saíam daqui para estudarem ou trabalharem, buscando uma oportunidade. Eu voltei para Canela em 1997, fiquei 12 anos fora, mas nós, canelenses, sempre acompanhávamos pelos jornais as notícias da cidade. Todos os finais de semana eu acabava vindo para casa. E de 86 até o início da década de 90, nos anos de 91 e 92, nós víamos que não existia muita perspectiva na cidade. Um pouco antes desse período inclusive acabei me tornando sócio duma empresa em Porto Alegre, disposto a constituir minhas bases na capital mesmo. Lá por 1991, 1992 – começaram a construir o hotel Continental, o Hotel Vila Suzana e nós em Porto Alegre começávamos a notar que Canela aparecia nos jornais. Os eventos, o Festival de Teatro, enfim, todas as iniciativas aqui feitas naquele período. Como eu vinha para Canela todo o final de semana, comecei a notar que o movimento durante ele também aumentara muito. As estradas, que antes apresentavam pouco movimento, agora estavam congestionadas.

Por volta de 95, 96 isso se consagrou. De tempos em tempos a minha turma se reunia, porque todos tinham saído da cidade. Nessas reuniões comentávamos que Canela estava abrindo um novo mercado de trabalho. Lembro que um amigo que estava fazendo faculdade de Veterinária em Uruguaiana já falava em abrir uma veterinária em Canela, pois na época só existia uma na cidade. Lembro de outro membro da nossa turma que, depois de ter aberto uma empresa em Porto Alegre, fechou a sua loja de lá e resolveu apostar tudo em Canela. Dava para perceber que Canela oferecia novas condições de trabalho, novas perspectivas e que cada vez mais estava ficando movimentada. A rede hoteleira tinha se expandido bastante e a gastronômica também.

Eu só acabei retornando para Canela em julho de 1997. Tinha me casado com uma serrana que também havia deixado a cidade pelas mesmas razões que a maioria dos jovens o fizera. Casado, recebi uma proposta de meu pai para voltar a trabalhar com ele, numa empresa que hoje tem 30 anos de existência. Procurei indagá-lo sobre como faria para largar tudo em Porto Alegre e viver em Canela. Ele me disse para vir sem medo, pois as coisas estavam começando a melhorar. Canela então passou a despontar no cenário nacional.

Em dezembro de 98 entrei na administração da prefeitura, convidado na época pelo prefeito e pela secretária Berenice Felippetti. Foi justamente aí que comecei a me envolver de fato com a nova realidade do município. Perceber e tomar conhecimento do que havia sido feito alguns anos antes. O que era e como ficou. A diferença é gritante. Tudo mudou da água para o vinho.

Canela prosperava outra vez. Atraía investidores e empresários, além de turistas. O ramo hoteleiro estava de vento em popa, lembrando outros tempos. O sorriso voltava à face dos canelenses, que pareciam felizes consigo mesmos, assim como Canela que se divertia com a sua identidade bem à mostra, aos olhos dos inúmeros visitantes que chegavam para cortejá-la. O potencial do município reluzia totalmente revigorado. Os pontos turísticos pareciam desfilar cada vez mais bonitos para o grande público que os cercava. Uma harmonia que fazia jus à beleza da cidade serrana.

Muita gente viria de fora da cidade para não só investir nela como também contribuir para torná-la mais forte ainda. Eduardo Faraco é um desses entusiastas que resolve morar, adotar e apostar no município com o seu próprio negócio.

Eu sou gaúcho, mas morei em São Paulo por quase 10 anos, também morei na Inglaterra por dois anos e meio, onde fui fazer o meu mestrado em hotelaria e turismo. Formei-me em São Paulo, fiz Administração Hoteleira e depois de 89, através de uma Bolsa de Estudo da CAPES (Coordenação de Aperfeiçoamento de Pessoal de Nível Superior), fui para Londres fazer o mestrado.

Minha carreira está intimamente ligada ao turismo. Trabalho nisso há quase 21 anos. Comecei a trabalhar com 18 anos e me formei numa época em que só havia duas escolas superiores de hotelaria no Brasil. Comecei em São Paulo, no interior do Estado, e depois fui para a capital, onde trabalhei em dois grandes hotéis, o Hotel Cesar Park e o Maksoud Plaza, então parti para a Inglaterra para depois retornar a São Paulo. Morei numa cidade chamada São Roque. Uma cidade que tem uma vocação turística fortíssima. Na ocasião montei um hotel cinco estrelas e depois procurei gerenciá-lo durante um bom tempo. Mas então, com a violência característica de São Paulo, fomos vítimas de um assalto, que por sua vez nos motivou a deixar o Estado.

A partir daí fui para Florianópolis, uma região que possui o turismo bastante consolidado. Gerenciei um hotel na Praia Brava por muitos anos. Em dezembro de 1994, minha mãe chegou a Canela pensando em ter um negócio. Ela morou 25 anos em São Paulo e durante muito tempo trabalhou com decoração, e nos últimos cinco anos ela trabalhou com decoração institucional, para restaurantes, hotéis, spas, etc. A nossa idéia era montar um estabelecimento de hospedagem. O marido dela também tinha um empreendimento hoteleiro grande, o que lhe garantia alguma experiência.

Naquele período nós tínhamos três opções: o Nordeste, Portugal ou a serra gaúcha. Chegamos até a escolher um local em Portugal, mas acabamos desistindo, pela distância e pelos laços familiares.

Nós estávamos morando em Florianópolis, tranqüilos, quando então minha mãe veio passar as férias em Canela. Ela começou a conversar com o pessoal sobre montar uma pousada sem grandes pretensões. Ficou hospedada na Pousada do Bosque, morando ali por cerca de oito meses, procurando lugares, idéias e terrenos. Procurou terrenos por todos os lados, mas sem se dar conta de que estava diante dele o tempo todo. Nós o compramos e começamos a construir a pousada.

Tínhamos uma previsão de inaugurá-la entre seis ou sete meses e inauguramos em 3 meses. Nos apaixonamos pelas coisas, por Canela e a região. É preciso motivação para enfrentar um grande desafio. A obra realmente finalizou com o caixa sem nenhum centavo para capital de giro, nós tínhamos que fazer o empreendimento virar um milagre empresarial. Não sei se conseguimos, mas há cinco anos nós temos uma performance muito diferenciada na serra, com o maior percentual de ocupação, num universo de quase 150 pousadas.

A partir daí me envolvi comunitariamente de uma forma bastante ativa, dando aulas na universidade e inclusive acabei sendo presidente de uma das Comendas de Natal. Em especial sobre o meio acadêmico, posso dizer que nós temos uma estrutura de formação muito boa, que é a UCS. E sem dúvida estamos formando bons profissionais do ramo hoteleiro e do turismo.

O final dos anos 90 estava se aproximando e Canela já atingira a sua individualidade na serra, com destaque inegável. O Projeto Canela 2000 havia recebido esse nome, pois imaginava atingir suas metas em curto, médio e longo prazos, fazendo com que a cidade chegasse ao século XXI vitoriosa em suas questões cruciais. Ou seja, tudo aquilo que havia sido programado, estudado, posto em prática, também procurava projetar o futuro de Canela. Nele enxergavam-se as metas alcançadas e sustentáveis que fariam com que a cidade adentrasse o novo milênio e nele perdurasse com o espírito renovado e o seu potencial fortalecido e lucrativo. O Canela 2000 já tinha deixado de ser sonho por vários motivos. A cidade realmente estava forte e cada vez mais linda e cheia de vida às vésperas de uma nova era.

Mas o que não se podia imaginar, nem mesmo pelos seus idealizadores, era que o nome do projeto fosse traduzir, com precisão cirúrgica, a realidade daquilo que estava por vir, ao sabor do acaso ou quem sabe do destino.

LIVRO III

– O Sorriso de Uma Conquista –
Prêmio Top de Marketing ADVB/RS

O Case – Memórias

O tempo passou, exatamente nove anos, mas eu adquirira, mesmo após ter terminado o contrato da Consultoria com a prefeitura de Canela, como não poderia deixar de ser, um carinho muito grande pelas pessoas com quem havia trabalhado, assim como por Canela e tudo que a envolvia. Não houve um só momento em que uma notícia sobre a cidade, que saísse numa linha de jornal, numa reportagem da televisão, não tivesse me aberto um sorriso, ou sido motivo de orgulho ou atenção de meus olhos.

Mesmo depois de tanto tempo, eu não havia perdido o vínculo afetivo com aquilo que me dedicara anos atrás, numa verdadeira jornada inesquecível. Foram muitas as vitórias conquistadas naquele tempo e agora elas haviam multiplicado e poderiam, antes de serem vistas, serem vividas pela comunidade. A mesma comunidade quem eu me relacionara e trocara idéias num longo período. O reconhecimento subentendido estava nos jornais, nas minhas idas a Canela, onde era possível perceber e desfrutar algo que antes não existia. Mas sinceramente não esperava que o Projeto Canela 2000 fosse além, deixando de ser apenas o mecanismo que desencadeara a força dos canelenses para que estes lutassem e, unidos, transformassem a sua cidade num pólo turístico do Estado do Rio Grande do Sul e do país. O Projeto Canela 2000 não tinha pretensão nenhuma de ser uma peça descoberta do anonimato ou que um dia saísse de lá para ocupar outro lugar, pois o importante mesmo eram os seus resultados alcançados. Mas os resultados do Canela 2000 nunca foram solitários. Nunca foram detentores do mérito absoluto das coisas. Foi necessária uma conjugação de fatores para eles acontecerem. A união entre as pessoas do Grupo de Trabalho, pois se não fossem elas mesmas talvez nada tivesse chegado onde chegou, sem falar nos próprios canelenses. Eles foram os grandes responsáveis pelo sucesso do Projeto Canela 2000.

Eu visitava sempre a serra por uma razão ou por outra. Para passear e desfrutar das belezas, do clima e do sabor de Canela, ou ainda da região. Do mesmo modo que por vezes trabalhava ou lidava com assuntos que estivessem relacionados ou acontecendo por lá.

Em uma dessas minhas idas à serra gaúcha, no final de novembro de 1999, eu estava envolvida com um trabalho que acontecia em Gramado, e por simples força dos sentimentos tive a idéia de passar em Canela para visitar e dar um abraço em alguns dos muitos amigos que deixara na cidade na época do Projeto Canela 2000. Em especial na Berena (Berenice Felippetti), que voltara a trabalhar na administração pública, ao lado de velhos amigos, entre eles o atual prefeito José Vellinho Pinto, que exercia o seu segundo mandato na cidade.

Procurei a Berenice e depois de um abraço emocionado, tratamos logo de matar a saudade. A partir dali desenrolou-se uma conversa inevitável sobre o passado. Aventuras de nove anos atrás, quando eu, a Berenice, a Kátia, a Vera e a Margarida corríamos e batalhávamos para conseguir o que quer que fosse necessário para pôr em prática uma idéia, um evento, enfeitar um lugar, viajar para lá e para cá, discutir e produzir os acontecimentos, metas e as atividades do projeto. Lembranças saborosas que à medida que avançavam no tempo simplesmente nos surpreendiam com relação ao que era anos antes e como tinha ficado anos depois. Algumas coisas, apesar da nossa boa memória, foram nos pegando de surpresa ao mesmo tempo. Canela era uma outra cidade e nós sabíamos disso, mas a precisão dos acontecimentos, que se sucederam depois da consultoria e que necessitavam ser feitos pela comunidade, e dentro de margens consideradas subjetivas, era impressionante. O Projeto Canela 2000 havia acertado na mosca. Mais ou menos como se ele tivesse previsto como a comunidade reagiria e de que forma faria isso ou aquilo, ou ainda o que acabaria sendo conquistado pelos canelenses ao longo do caminho.

Assim que a conversa caminhava para pontos específicos que lidavam com o fato da cidade caminhar pelas próprias pernas, a Berenice interrompeu as lembranças e resolveu me perguntar se o Projeto Canela 2000 poderia ser inscrito no Top de Marketing ADVB, que por sua vez abrira naquele ano de 1999 o segmento Serviços Públicos e Municípios. Véspera do ano 2000. Na verdade, a Berenice me questionava quanto às possibilidades de Canela conquistar o prêmio. Eu fui imediatamente motivada pelo entusiasmo da Berenice, e lhe disse seguramente que o projeto teria chances, mas que seria necessário apurar todos os dados, os registros e os documentos.

A Berenice ficou encarregada de me ligar assim que tivesse o material necessário para montar um Case de Marketing e inscrever o trabalho no Prêmio ADVB.

Os velhos tempos estavam definitivamente de volta. Exatamente da mesma forma, com todos os ingredientes necessários, incluindo aí as dificuldades. Não seriam poucas para que assim a fórmula seguisse à risca os tempos de outrora. Para começar, a Berenice teria de reunir uma quantidade incalculável de informações e registros, num apertado espaço de tempo. Depois disso sobraria um restinho dele para dar formato àquela monstruosidade de coisas que haviam sido feitas. As pessoas envolvidas, os relatórios, os projetos paralelos, as atividades, as implementações e principalmente os resultados teriam de ganhar uma nova e sintética roupagem. Talvez não desse tempo de reunir tudo, ou mesmo encontrar as informações necessárias, mas ninguém disse nada quanto a deixar de fazê-lo.

Eu viajava para Santa Catarina, em 1º de dezembro de 1999, na comemoração do meu aniversário de casamento, quando fui surpreendida na estrada por um telefonema da Berenice. Tudo que nós precisávamos para começar a montar o case estava reunido. O aniversário de casamento poderia esperar e ser comemorado noutra ocasião, mas o case não. Nem pensei duas vezes, e após ter passado a dura informação ao Mário, meu marido, voltamos à estrada e pegamos o caminho de Porto Alegre.

Assim o case foi montado nos poucos dias que restavam, com a ajuda de várias pessoas, num trabalho que não poupou o sono de ninguém.

O sorriso de uma conquista: o encantamento de quem vive e convive com Canela estava entregue e postulava um prêmio inédito para municípios. O trabalho estava definitivamente inscrito no Top de Marketing ADVB/RS.

Introdução

O case partia duma introdução que por sua vez objetivava discorrer sobre a conquista de um posicionamento. Um sentimento que tomara conta dos canelenses e se transformara em ações benéficas para o município, confirmando o uso correto ferramental e mercadológico que viabilizara uma grande vitória de Canela. No teor de um verdadeiro relato da cidade, que adquirira e otimizara uma série de experiências, pretendia reposicionar a cidade e buscar as suas verdadeiras e essenciais origens. Algo que revelava comprovadamente, por conta de uma longa jornada, a redescoberta da vocação de um município. Por fim, a introdução dedicava a história toda ao cidadão, ao canelense, às pessoas da comunidade e aos visitantes da "cidade encantada".

Período Histórico

Depois da introdução, existia a parte histórica que narrava a origem do nome da cidade, através dos tropeiros, a vinda dos turistas desde 1915, a chegada do trem em 1924, as conquistas e as dificuldades do ciclo da madeira, a decepção com o fechamento do Cassino Palace Hotel, entre outros aspectos mais específicos. Informava também a etnia, composta por 20% de italianos, 20% de alemães e 60% de serranos, dando as características do serrano e a sua maneira de levar a vida. Também dava ênfase aos anos 70, até chegar ao final dos anos 80, com a população desencontrada do seu norte e conseqüentemente do seu rumo.

Problema

Em seguida eram apresentados os problemas um a um. Listados, descritos e longamente argumentados. Baseando-se numa série de fatos, falando da economia, da auto-estima do canelense, das condições geográficas da região, da identidade perdida, do vácuo deixado pelo fim da madeira e terminando com a pergunta: *"Então, como fazer a reconversão econômica? Como buscar alternativas para atender às necessidades de desenvolvimento da comunidade?"*.

Solução

As soluções eram apresentadas de acordo com o seu modo de operação. Antes de qualquer coisa, uma longa narrativa explicava muito do sentimento do canelense, da busca pelos meios de encorajar a comunidade, enchê-la de orgulho, motivá-la a se unir e trabalhar em prol do caminho que todos escolheriam. O diagnóstico, o planejamento, as políticas e sistemáticas empregadas estavam todos lá. Falava-se de quando o sonho começava a virar realidade, assim como dos mínimos gestos que se transformavam em grandes ações, a promoção institucional, a divulgação da cidade, os eventos enriquecidos, a multiplicação de resultados, as estratégias e o que elas haviam viabilizado, item por item, projeto por projeto executado. Todo o aspecto da comunicação estava detalhado, tanto em nível interno e comunitário como exterior e para os turistas, o Estado, o país e o mundo.

Resultado

Os resultados foram minuciosamente explanados, destacando aonde cada uma das peças do projeto havia funcionado. Também eram ressaltados a essência dos resultados alcançados, o desenvolvimento sustentado, o turismo, *a cultura de saber receber e encantar* e os números, que, por sua vez, registravam o crescimento turístico da cidade.

FLUXO TURÍSTICO DE CANELA

1997 – 1.306.196
1998 – 1449.679
1999 – 1.873.699 até novembro.
2000 – 2.200.000 previsão até o final do ano*.

(* o case apresentava estes números, pois o seu fechamento para entrega na ADVB aconteceu em novembro de 1999.)

O case foi enriquecido com um vasto arquivo de material que havia saído na imprensa. Recortes que vinham num crescente avassalador com o passar dos anos. Se num ano saíram 50 notícias sobre Canela, nos principais meios de comunicação do Estado e do país, no ano seguinte esse número triplicaria, e assim por diante.

Outro quadro que apontava dados, sendo bastante interessante, era da relação dos aspectos culturais do município, ligados aos eventos e às suas projeções.

EVOLUÇÃO DO NÚMERO DE GRUPOS DE
TEATRO DE CANELA

1989 – 12
1991 – 13
1993 – 19
1995 – 22

1997 – 27
1999 – 33

Existiam também outros dados apontados e que se referiam ao ensino de Canela, o que refletia um melhoramento de vários outros setores, e implicava um acréscimo significativo de diversos segmentos. Revelavam o desenvolvimento, a prosperidade e o crescimento do município.

ENSINO FUNDAMENTAL

EVOLUÇÃO DO NÚMERO DE ALUNOS E PROFESSORES DE CANELA

Ano	Nº de alunos	Nº de professores
1991	567	41
1992	981	58
1993	1.008	56
1994	1.156	63
1995	1.265	75
1996	1.756	86
1997	1.829	136
1998	2.008	162
1999	2.558	232

Depois o turismo era valorizado, mas em todo o processo de elaboração do case, ficava clara a importância da comunidade em fazer com que a sua cidade atingisse todas as metas propostas no Projeto Canela 2000. O texto final procurava ilustrar dentro da poesia, que honestamente lhe cabia, o valor fundamental de cada um dos canelenses. A síntese de tudo.

"A cada luz, vela ou sorriso aceso está o sentimento do prazer, da conquista e da percepção de que tudo foi feito com uma intenção especial: encantar. As emoções se

misturam. Encontram-se numa Cidade que tem o brilho, o cenário e os protagonistas de um grande espetáculo: a vida. O meio ambiente, as pessoas, a comunidade, todos convivendo em harmonia e em constante processo de crescimento. Todos com um objetivo: o encantamento de seus Clientes, sua população, seus visitantes e aqueles que investem para fazer do sonho uma realidade. Mágica".

Para os Canelenses

Na noite do dia 22 de dezembro de 1999, no Theatro São Pedro, em Porto Alegre, boa parte do Grupo de Trabalho e da administração da época estava reunida outra vez. Todos ansiosos e orgulhosos em suas poltronas. Começava a cerimônia de entrega do prêmio do Top de Marketing ADVB/RS.

Mas antes de chegarmos ao anúncio dos vencedores, é preciso dizer que a Berenice, e a equipe que trabalhara exaustivamente dias a fio para juntar as informações necessárias com a finalidade de formular o case estavam boquiabertas com as inúmeras histórias "coincidentes" do projeto, comparadas ao atual momento de Canela. À medida que uma informação era encontrada, logo em seguida as pessoas enxergavam o resultado diante dos olhos, na sua vida e no dia-a-dia da cidade.

Havia chegado o grande momento. O reconhecimento estava prestes a deixar o campo afetivo para virar mais um fato histórico do município. A partir daqui os canelenses deixariam de só viver as suas conquistas, para também desfrutá-las, compartilhá-las e mostrá-las para quem quisesse ver. O seu orgulho restaurado agora transbordaria o ápice que a sua auto-estima tinha atingido. Canela seria a primeira cidade a receber um prêmio de marketing. Algo que coroaria o esforço de uma grande comunidade, mostrando a todos que, com uma administração séria, um projeto forte, planejamento dedicado, muito trabalho e principalmente a união das pessoas, seria possível modificar, rumo ao sucesso, o panorama de uma cidade inteira. Uma cidade gigante por tudo que nela existe, ressaltando o seu povo.

Assim, quando o segmento serviços públicos e municípios foi anunciado, o prêmio tratou de ser entregue nos braços de Canela. O prefeito José Vellinho Pinto, arrebatado de felicidade, subiu ao palco para receber o prêmio e erguê-lo na direção daqueles que haviam se dedicado de corpo e alma para torná-lo uma realidade extraordinária.

O prefeito retornava para Canela, trazendo na bagagem um prêmio inestimável. Antes mesmo de entrar de fato na cidade, resolveu abastecer o carro num posto de gasolina, e é neste exato instante que ele percebe o quanto que aquilo que trazia consigo representava para todos. O frentista, em polvorosa, abraçava o prefeito e o cumprimentava pela premiação, repleto de orgulho por ser canelense. A síntese de todo o trabalho em um único gesto.

A notícia havia chegado aos ouvidos do frentista por conta do rádio e dava a dimensão de como os canelenses estavam se sentindo. Seria preciso entregar-lhes o prêmio com todas as honrarias que pudessem ser feitas.

Em 28 de dezembro de 1999 foi programada uma grande festa, junto do aniversário da cidade, para entregar o prêmio à comunidade. Uma festa inesquecível. Ela contava com a presença de todos aqueles que ajudaram a conquistar mais essa vitória, que agora era reconhecida concretamente aos olhos de todo o mundo.

Na cerimônia, o prefeito José Vellinho Pinto dividia não só o prêmio, mas a história dele e do seu sucesso com aqueles que o haviam construído, assim como com toda a comunidade canelense.

Lá estavam Margarida, Berenice, Vitor Hugo, Vera, Marina, Sheila, Nildinha, Nídia, Pompeu, Eduardo, Rudimar, Dirceu. Os personagens desse livro e dessa história maravilhosa, que se não cabem em mais duzentas páginas, cabem seguramente no coração de Canela e podem ser compilados no valor comunitário. Todo canelense deve se sentir responsável por tudo o que foi conquistado. A conquista de Canela, em outras palavras, é do seu povo e para sempre.

Os resultados proporcionaram um avanço fantástico e estarrecedor, podendo dessa forma condicionar Canela para um horizonte ainda mais belo e promissor.

LIVRO IV

Canela Tecnópole

Um Novo Conceito de Tecnologia

Canela é uma cidade encantada e nada se pode dizer em contrário. A sua história e a de seu povo são também encantadoras. O seu futuro é algo que não fugirá da magia e de um desenvolvimento enriquecedor na condição de município e principalmente de pólo turístico nesse Estado.

A administração pública, que na época enfrentava as dificuldades históricas que Canela sofria, havia reagido com um projeto erguido e tocado em frente pelos seus habitantes. Dessa forma, agora que a prefeitura voltava sob o comando do prefeito daqueles anos, podendo colher os frutos do trabalho lá atrás efetivado, poderia também planejar e direcionar o seu futuro.

Nasce na administração de José Vellinho Pinto o Canela Tecnópole. Um novo conceito em tecnologia. Um projeto que tem por objetivo organizar a capacidade produtiva da cidade aplicando soluções na área da tecnologia. Uma visão que procura efetivar a presença de empresas nos mercados local, nacional e internacional.

O Projeto Canela Tecnópole é um novo conceito operacional cuja prioridade é investir no aprimoramento da matriz produtiva da cidade, levando-se em conta tanto a excelência de recursos quanto a melhoria da qualidade de vida da sua população.

Também será dado, por intermédio do projeto, prioridade para investimentos que estejam de acordo com o conceito Canela Ecocidade, garantindo o desenvolvimento com respeito ao patrimônio cultural do município.

Canela Tecnópole abrigará, ainda, iniciativas complementares. Todas serão implantadas em etapas, sempre visando ao fortalecimento do seu conceito global.

É possível entender os seus segmentos que compreendem inclusive aquilo que já foi implementado. O esqueleto desse projeto se preocupa com o futuro de Canela, tendo por base o potencial e a condição que a cidade atingiu.

O pólo tecnológico de canela, ou *"Potec"*, é algo que irá procurar estabelecer uma relação direta com a sociedade. O crescimento tecnológico será fruto mais uma vez do trabalho comunitário, visando à geração de emprego e renda, assim como também o desenvolvimento econômico, cultural e social, através do valor característico do município e da região. Daí é possível citar os setores: turístico, moveleiro, metal-mecânico, malheiro, entre outros.

O Centro de Soluções Tecnológicas, ou simplesmente *"CST",* vai oferecer oportunidades de instalações subsidiadas a empreendedores que se encontram em formação e também a empresas que possam agregar tecnologia ao desenvolvimento da cidade. O CST será um centro fixo e suas operações serão permanentes.

Também existirá um "Condomínio Empresarial", com espaço adequado para receber empresas já saídas do CST ou não, que sejam possuidoras de maturidade técnica, administrativa e comercial para desenvolverem o seu próprio trabalho, dividindo custos.

O *Parque Tecnológico*, por sua vez, terá o objetivo de proporcionar benefícios de impostos municipais, destinando localizações definitivas para sedes de empresas já consolidadas no mercado.

Além disso, o Projeto Canela Tecnópole abrigará ainda o *Distrito Industrial*, que buscará melhorar os mecanismos de mercado, desenvolvendo novos produtos, através das empresas tradicionais da região; o *Traid Point,* como um facilitador dos negócios junto ao *CST,* procurando inserir as pequenas e médias empresas no mercado internacional, através da cultura exportadora, ou seja, abrindo caminho para os microempresários conquistarem mercados fora do país; e os *Telecentros,* que simplesmente qualificariam a mão-de-obra canelense, com noções básicas na área de informática e Internet, sendo implantados nas diversas regiões do município, para utilização de toda a população.

Traçado de um Futuro

Canela chegou ao século XXI como o sonho imaginado por seu fundador, o Coronel João Corrêa. Um pólo turístico maravilhoso que reúne as belezas inigualáveis da região, eventos culturais extraordinários, parques temáticos, o calor de um povo hospitaleiro, um clima agradável e ameno no verão e charmoso no inverno, uma rede hoteleira e gastronômica magníficas, um caminho florido, um espírito repleto de magia. Canela é encantadora e inesquecível.

Os anos virão e a cidade e seu povo seguramente estarão unidos e cultivando as suas raízes em harmonia com o tempo, fazendo de Canela uma região perpétua no coração dos turistas e dos gaúchos. Todas as vitórias aqui descritas, no entanto, merecem o reforço em registrar o valor comunitário que nasceu juntamente com a cidade, suas terras e sua história. Nada representa mais ou dignifica mais do que o espírito do canelense e da forma com que emana de suas mãos e seus olhos. As dificuldades existiram e continuarão a existir na conjuntura da vida e de seus desígnios. Mas Canela foi batizada a partir de uma árvore, e dela se pode tirar a maior lição de todas e que deve prevalecer acima de tudo, independentemente do que tenha sido feito por ordem da imaginação, do trabalho, do profissionalismo e da vontade.

A árvore Caneleira (Cinnamomum zeylanicum B.) é uma árvore da família das Lauráceas, originária do Ceilão, da Birmânia e da Índia e conhecida há mais de 2.500 anos a.C. pelos chineses. A canela é uma planta de porte arbóreo, de ciclo perene e que atinge até 8 metros de altura. O seu tronco alcança cerca de 35 centímetros de circunferência. Uma imponência linda, cujas folhas são persistentes e as flores são de coloração amarela, exuberantes e numerosas, mas pequenas, simples e sempre agrupadas em inflorescências que lembram um cacho. Um grupo de flores, unidas completamente.

A sua multiplicação é feita por meio de sementes, oriundas de plantas produtivas, vigorosas e sadias. A caneleira, portanto, só existe se existirem outras árvores ao seu redor. Só existe se estiver cercada por forças amigas da natureza. Jamais viverá solitariamente. Jamais crescerá e despontará do solo sem a ajuda de mais alguém. Exatamente da caneleira é que perceberemos que Canela só foi possível quando fez do seu sonho um sentimento coletivo. Quando fez do seu brilho intermitente uma razão proliferada no coração da sua querida e amada comunidade. Para que se saiba, o futuro de Canela já pode ser encontrado na alma dos canelenses.

Referências Bibliográficas

1. STOLTZ, Roger. *Primórdios de Canela. Graf. Ed. NBS. Fundação Cultural de Canela* – 1ª edição – 1992.
2. OLIVEIRA, Pedro; VECH, Marcelo; REIS, Antônio Almiro dos. *Canela por muitas razões.* Ed. EST – 1ª edição – 2000.
3. WOLFF CARDOSO, Maria Aparecida. *Câmara Municipal de Vereadores de Canela – Monografia Histórica I.* Ed. EST - 1ª edição – 2000.
4. DIVERSOS AUTORES. *Revista do Instituto Estadual do livro - Continente Sul Sur.* Ed. IEL. – Nº 5 – 1997.

Referências de Encartes e Folhetos

1. PREFEITURA MUNICIPAL DE CANELA – *Canela – Serra Gaúcha – Brasil – Paixão Natural.*
2. PREFEITURA MUNICIPAL DE CANELA – *Canela Tecnópole – Um novo conceito de tecnologia!*
3. PREFEITURA MUNICIPAL DE CANELA – *Canela (histórico, pontos turísticos e calendário de eventos).*
4. PREFEITURA MUNICIPAL DE CANELA – *Canela Ecocidade.*
5. PREFEITURA MUNICIPAL DE CANELA – *Temporada de Inverno em Canela (calendário de eventos) – 8 de Junho a 21 de Setembro de 2002.*
6. GRANDE HOTEL CANELA – *Grande Hotel Canela (catálogo e histórico).*

Referências de Periódicos

1. Revista *Amanhã – Guia Empresarial Rio Grande do Sul – Fevereiro de 2000.*
2. Jornal *Nova Época – 1º de novembro de 1990.*

Referências de Textos e Projetos

1. SUZANA VELLINHO ENGLERT – CONSULTORES DE COMUNICAÇÃO INTEGRADA – *Anteprojeto Canela/Tur – Outubro 1989.*
2. SUZANA VELLINHO ENGLERT – CONSULTORES DE COMUNICAÇÃO INTEGRADA. – *Projeto Canela/Tur – Outubro/Novembro de 1989.*
3. SUZANA VELLINHO ENGLERT – CONSULTORES DE COMUNICAÇÃO INTEGRADA – *Projetos 01, 02, 03, 04, 05, 06, 07, 08.*
4. SUZANA VELLINHO ENGLERT – CONSULTORES DE COMUNICAÇÃO INTEGRADA – *Relatório de Atividades do Projeto Canela/Tur – Maio de 1990.*
5. SUZANA VELLINHO ENGLERT – CONSULTORES DE COMUNICAÇÃO INTEGRADA - *Relatório de Atividades do Projeto Canela 2000 – Junho, Julho, Agosto, Setembro, Outubro, Novembro e Dezembro de 1990.*
6. SUZANA VELLINHO ENGLERT – CONSULTORES DE COMUNICAÇÃO INTEGRADA - *Relatório de Atividades do Projeto Canela 2000 – Fevereiro, Março e Abril de 1991.*
7. INTERMEZZO PROPAGANDA – *Programação Visual/ Slogan.*
8. CASE – *O Sorriso de Uma Conquista: o encantamento de quem vive e convive com Canela – Dezembro de 1999.*

Referências de Websites

1. http://www.canela.com.br
2. http://www.festcinegramado.com.br
3. http://www.ruralnet.com.br
4. http://www.jardimdeflores.com.br
5. http://www.pucrs.br/letras

Observatório
editoração eletrônica
(0xx51) 3280-6354

Este livro foi confeccionado especialmente
para a Editora Meridional, em Garamond11/14 sobre papel off-set 75 g/m² e
Impresso na METRÓPOLE INDÚSTRIA GRÁFICA.